DISSERTATION
SUR
LA MUSIQUE
MODERNE.

PAR M. ROUSSEAU.

— *Immutat animus ad pristina.* — Lucr.

A PARIS,
Chez G. F. QUILLAU, Pere, Imprimeur-Juré-Libraire de l'Université, rue Galande, près la Place-Maubert, à l'Annonciation.

M. DCC. XLIII.

Avec Approbation & Privilége du Roy.

PREFACE.

S'IL eſt vrai que les circonſtances & les préjugés décident ſouvent du ſort d'un Ouvrage, jamais Auteur n'a dû plus craindre que moi. Le Public eſt aujourdui ſi indiſpoſé contre tout ce qui s'appelle nouveauté ; ſi rebuté de ſyſtêmes & de projets, ſurtout en fait de Muſique, qu'il n'eſt plus guéres poſſible de lui rien offrir en ce genre ſans s'expoſer à l'effet de ſes premiers mouvemens, c'eſt-à-dire, à ſe voir condanné ſans être entendu.

D'ailleurs, il faudroit ſurmonter tant d'obſtacles, réunis non par la raiſon, mais par l'habitude & les préjugés bien plus forts qu'elle, qu'il ne paroît pas poſſible de forcer de ſi puiſſantes barriéres ; n'avoir que la raiſon pour ſoi, ce n'eſt pas combattre à armes égales, les préjugés ſont preſque toujours ſûrs d'en triompher, & je ne connois que le ſeul intérêt capable de les vaincre à ſon tour.

Je ferois raſſuré par cette derniére conſidération, ſi le public étoit toujours bien attentif à juger de ſes vrais intérêts : mais il eſt pour l'ordinaire aſſez nonchalant pour en laiſſer la direction à gens qui en ont de tout opposés, & il aime mieux ſe plaindre éternellement d'être mal ſervi, que de ſe donner des ſoins pour l'être mieux.

C'eſt préciſément ce qui arrive dans la Muſique ; on ſe récrie ſur la longueur des Maîtres & ſur la difficulté de l'Art, & l'on rebute ceux qui propoſent de l'éclaircir & de l'abréger. Tout le monde convient que les caractéres de la Muſique ſont dans un état d'imperfection peu proportionné aux progrès qu'on a faits dans les autres parties de cet Art : cependant on ſe défend contre toute propoſition de les réformer comme contre un danger affreux : imaginer d'autres ſignes que ceux dont s'eſt ſervi le divin Lulli, eſt non-ſeulement la plus haute extravagance dont l'eſprit humain ſoit capable, mais c'eſt encore une eſpéce de ſacrilége. Lulli eſt un Dieu dont le doigt eſt venu fixer à jamais l'état de ces ſacrés caractéres : bons ou mauvais, il n'importe, il faut qu'ils ſoient éterniſés par ſes ouvrages ; il n'eſt plus permis d'y toucher ſans ſe rendre criminel, & il faudra au pied de la lettre que tous les jeunes Gens qui apprendront déſormais la Muſique payent un tribut de deux ou trois ans de peine au mérite de Lulli.

Si ce ne ſont pas là les propres termes, c'eſt du moins le ſens des objections que j'ai oui faire cent fois contre tout projet qui tendroit à réformer cette partie de la Muſique. Quoi ! faudra-t-il jetter au feu tous nos Auteurs ? Tout renouveller ? La Lande, Bernier, Corelli ? Tout cela ſeroit donc perdu pour nous ? Où prendrions-nous de nouveaux Orphées pour nous en dédommager, & quels ſeroient les Muſiciens qui voudroient ſe réſoudre à redevenir Ecoliers ?

Je ne ſçais pas bien comment l'entendent ceux qui font ces objections ; mais il me ſemble qu'en les réduiſant en maximes, & en détaillant un peu les conſéquences, on en feroit des aphoriſmes fort ſinguliers pour arrêter tout court le progrès des Lettres & des beaux Arts.

D'ailleurs, ce raiſonnement porte abſolument à faux, & l'établiſſement des nouveaux caractéres, bien loin de détruire les anciens Ouvrages, les conſerveroit doublement, par les nouvelles Editions qu'on en feroit, & par les anciennes qui ſubſiſteroient toujours. Quand on a traduit un Auteur, je ne vois pas la néceſſité de jetter l'Original au feu. Ce n'eſt donc ni l'ouvrage en lui-même, ni les Exemplaires qu'on riſqueroit de perdre, & remarquez, ſurtout, que quelqu'avantageux que pût être un nouveau ſyſtême, il ne détruiroit jamais l'ancien avec aſſez de rapidité pour en abolir tout d'un coup l'uſage ; les Livres en ſeroient uſés avant que d'être inutiles, & quand ils ne ſerviroient que de reſſource aux opiniâtres, on trouveroit toujours aſſez à les employer.

Je ſçais que les Muſiciens ne ſont pas traitables ſur ce chapitre. La Muſique pour eux n'eſt pas la ſcience des ſons, c'eſt celle des noires, des blanches, des doubles croches, & dès que ces figures ceſſeroient d'affecter leurs yeux, ils ne croiroient jamais voir réellement de la Muſique. La crainte de redevenir Ecoliers, & ſurtout le train de cette habitude qu'ils prennent pour la ſcience même, leur feront toujours regarder avec mépris ou avec effroi tout ce qu'on leur propoſeroit en ce genre. Il ne faut donc pas compter ſur leur approbation ; il faut même compter ſur toute leur réſiſtance dans l'établiſſement des nouveaux caractéres, non pas comme bons ou comme mauvais en eux-mêmes, mais ſimplement comme nouveaux.

Je ne ſçais quel auroit été le ſentiment

particulier de Lulli ſur ce point, mais je ſuis preſque ſûr qu'il étoit trop grand homme pour donner dans ces petiteſſes; Lulli auroit ſenti que ſa ſcience ne tenoit point à des caractéres; que ſes ſons ne ceſſeroient jamais d'être des ſons divins quelques ſignes qu'on employât pour les exprimer, & qu'enfin, c'étoit toujours un ſervice important à rendre à ſon Art & au progrès de ſes Ouvrages, que de les publier dans une langue auſſi énergique, mais plus facile à entendre, & qui par là deviendroit plus univerſelle, dût-il en coûter l'abandon de quelques vieux Exemplaires, dont aſſurément il n'auroit pas cru que le prix fut à comparer à la perfection générale de l'Art.

Le malheur eſt que ce n'eſt pas à des Lulli que nous avons à faire. Il eſt plus aiſé d'hériter de ſa ſcience que de ſon génie. Je ne ſçais pourquoi la Muſique n'eſt pas amie du raiſonnement, mais ſi ſes Eléves ſont ſi ſcandaliſés de voir un Confrére réduire ſon Art en principes, l'approfondir, & le traiter méthodiquement, à plus forte raiſon ne ſouffriroient-ils pas qu'on osât attaquer les parties mêmes de cet Art.

Pour juger de la façon dont on y ſeroit reçû, on n'a qu'à ſe rappeller combien il a fallu d'années de lutte & d'opiniatreté pour ſubſtituer l'uſage du *ſi* à ces groſſiéres muances qui ne ſont pas même encore abolies partout. On convenoit bien que l'Echelle étoit composée de ſept ſons différens, mais on ne pouvoit ſe perſuader qu'il fut avantageux de leur donner à chacun un nom particulier puiſqu'on ne s'en étoit pas aviſé juſques-là, & que la Muſique n'avoit pas laiſſé que d'aller ſon train.

Toutes ces difficultés ſont préſentes à mon eſprit avec toute la force qu'elles peuvent avoir dans celui des Lecteurs. Malgré cela, je ne ſçaurois croire qu'elles puiſſent tenir contre les vérités de démonſtration que j'ai à établir. Que tous les ſyſtêmes qu'on a propoſés en ce genre aient échoué juſqu'ici, je n'en ſuis point étonné : même à égalité d'avantages & de défauts l'ancienne méthode devoit ſans contredit l'emporter, puiſque pour détruire un ſyſtême établi, il faut que celui qu'on veut ſubſtituer lui ſoit préférable, non-ſeulement en les conſidérant chacun en ſoi-même & par ce qu'il a de propre, mais encore en joignant au premier toutes les raiſons d'ancienneté & tous les préjugés qui le fortifient.

C'eſt ce cas de préférence où le mien me paroit être & où l'on reconnoîtra qu'il eſt en effet, s'il conſerve les avantages de la méthode ordinaire, s'il en ſauve les inconvéniens, & enfin s'il réſout les objections extérieures qu'on oppoſe à toute nouveauté de ce genre, indépendamment de ce qu'elle eſt en ſoi-même.

A l'égard des deux premiers points ils ſeront diſcutés dans le corps de l'Ouvrage, & l'on ne peut ſçavoir à quoi s'en tenir qu'après l'avoir lû; pour le troiſiéme, rien n'eſt ſi ſimple à décider. Il ne faut, pour cela, qu'expoſer le but même de mon projet & les effets qui doivent réſulter de ſon exécution.

Le ſyſtême que je propoſe roule ſur deux objets principaux. L'un de noter la Muſique & toutes ſes difficultés d'une maniére plus ſimple, plus commode, & ſous un moindre volume.

Le ſecond & le plus conſidérable, eſt de la rendre auſſi aiſée à apprendre qu'elle a été rebutante juſqu'à préſent, d'en réduire les ſignes à un plus petit nombre ſans rien retrancher de l'expreſſion, & d'en abréger les régles de façon à faire un jeu de la théorie, & à n'en rendre la pratique dépendante que de l'habitude des organes, ſans que la difficulté de la notte y puiſſe jamais entrer pour rien.

Il eſt aiſé de juſtifier par l'expérience

qu'on apprend la Musique en deux & trois fois moins de tems par ma méthode que par la méthode ordinaire, que les Musiciens formés par elle seront plus sûrs que les autres à égalité de science, & qu'enfin sa facilité est telle que quand on voudroit s'en tenir à la Musique ordinaire, il faudroit toujours commencer par la mienne pour y parvenir plus sûrement & en moins de tems. Proposition qui toute paradoxe qu'elle paroît, ne laisse pas d'être exactement vraie, tant par le fait que par la démonstration. Or ces faits supposés vrais, toutes les objections tombent d'elles-mêmes & sans ressource. En premier lieu; la Musique nottée suivant l'ancien systême ne sera point inutile, & il ne faudra point se tourmenter pour la jetter au feu, puisque les Eléves de ma méthode parviendront à chanter à livre ouvert sur la Musique ordinaire en moins de tems encore, y compris celui qu'ils auront donné à la mienne, qu'on ne le fait communément; comme ils sçauront donc également l'une & l'autre sans y avoir employé plus de tems, on ne pourra pas déja dire à l'égard de ceux-là que l'ancienne Musique est inutile.

Supposons des Ecoliers qui n'aient pas des années à sacrifier, & qui veuillent bien ſe contenter de ſçavoir en ſept ou huit mois de tems chanter à livre ouvert ſur ma notte, je dis que la Muſique ordinaire ne ſera pas même perdue pour eux. A la vérité, au bout de ce tems-là, ils ne la ſçauront pas exécuter à livre ouvert : peut-être, même, ne la déchiffreront-ils pas ſans peine : mais enfin, ils la déchiffreront ; car, comme ils auront d'ailleurs l'habitude de la meſure & celle de l'intonation, il ſuffira de ſacrifier cinq ou ſix leçons dans le ſeptiéme mois à leur en expliquer les principes par ceux qui leur ſeront déja connus, pour les mettre en état d'y parvenir aiſément par eux-mêmes, & ſans le ſecours d'aucun Maître ; & quand ils ne voudroient pas ſe donner ce ſoin, toujours ſeront-ils capables de traduire ſur le champ toute ſorte de Muſique par la leur, & par conſéquent, ils ſeroient en état d'en tirer parti, même dans un tems où elle eſt encore indéchiffrable pour les Ecoliers ordinaires.

Les Maîtres ne doivent pas craindre de redevenir Ecoliers : ma méthode eſt ſi ſimple qu'elle n'a beſoin que d'être lûe & non pas étudiée, & j'ai lieu de croire que les difficultés qu'ils y trouveroient viendroient plus des diſpoſitions de leur eſprit que de l'obſcurité du ſyſtême, puiſque des Dames à qui j'ai eu l'honneur de l'expliquer ont chanté ſur le champ & à livre ouvert de la Muſique nottée ſuivant cette méthode, & ont elles-mêmes notté des airs fort correctement, tandis que des Muſiciens du premier ordre auroient, peut-être, affecté de n'y rien comprendre.

Les Muſiciens, je dis du moins le plus grand nombre, ne ſe piquent guéres de juger des choſes ſans préjugés & ſans paſſion, & communément ils les conſidérent bien moins par ce qu'elles ſont en elles-mêmes, que par le raport qu'elles peuvent avoir à leur intérêt. Il eſt vrai que même en ce ſens-là, ils n'auroient nul ſujet de s'oppoſer au ſuccès de mon ſyſtême, puiſque dès qu'il eſt publié ils en ſont les maîtres auſſibien que moi, & que la facilité qu'il introduit dans la Muſique devant naturellement lui donner un cours plus univerſel, ils n'en ſeront que plus occupés en contribuant à le répandre. Il eſt cependant très probable qu'ils ne s'y livreront pas les premiers, & qu'il n'y a que le goût décidé du public qui puiſſe les engager à cultiver un ſyſtême dont les avantages paroiſſent autant d'innovations dangereuſes contre la difficulté de leur Art.

Quand je parle des Muſiciens en général,

je ne prétens point y confondre ceux d'entre ces Meſſieurs qui font l'honneur de cet Art par leur caractére & par leurs lumiéres. Il n'eſt que trop connu que ce qu'on appelle peuple domine toujours par le nombre dans toutes les ſociétés & dans tous les états ; mais il ne l'eſt pas moins qu'il y a partout des exceptions honorables, & tout ce qu'on pourroit dire en particulier contre la profeſſion de la Muſique, c'eſt que le peuple y eſt, peut-être, un peu plus nombreux, & les exceptions plus rares.

Quoiqu'il en ſoit ; quand on voudroit ſuppoſer & groſſir tous les obſtacles qui peuvent arrêter l'effet de mon projet, on ne ſçauroit nier ce fait plus clair que le jour, qu'il y a dans Paris deux & trois mille perſonnes, qui, avec beaucoup de diſpoſitions, n'apprendront jamais la Muſique, par l'unique raiſon de ſa longueur & de ſa difficulté. Quand je n'aurois travaillé que pour ceux-là, voila déja une utilité ſans replique; & qu'on ne diſe pas que cette méthode ne leur ſervira de rien pour exécuter ſur la Muſique ordinaire : Car, outre que j'ai déja répondu à cette objection ; il ſera d'autant moins néceſſaire pour eux d'y avoir recours qu'on aura ſoin de leur donner des Editions des meilleures piéces de Muſique de toute eſpéce & des recueils périodiques d'Airs à chanter & de ſymphonies, en attendant que le ſyſtême ſoit aſſez répandu pour en rendre l'uſage univerſel.

Enfin, ſi l'on outroit aſſez la défiance pour s'imaginer que perſonne n'adopteroit mon ſyſtême, je dis que même dans ce cas là, il ſeroit encore avantageux aux amateurs de l'Art de le cultiver pour leur commodité particuliére. Les Exemples qu'on trouve nottés à la fin de cet Ouvrage feront aſſez comprendre les avantages de mes ſignes ſur les ſignes ordinaires, ſoit pour la facilité, ſoit pour la préciſion. On peut avoir en cent occaſions des Airs à notter ſans papier réglé ; ma méthode vous en donne un moyen très-commode & très-ſimple. Voulez-vous envoyer en Province des Airs nouveaux, des ſcénes entiéres d'Opera ſans augmenter le volume de vos lettres ? Vous pouvez écrire ſur la même feuille de très-longs morceaux de Muſique. Voulez-vous en compoſant peindre aux yeux le raport de vos parties, le progrès de vos accords, & tout l'état de votre harmonie ? La pratique de mon ſyſtême ſatisfait à tout cela, & je conclus enfin qu'à ne conſidérer ma méthode que comme cette langue particuliére des Prêtres

Egyptiens, qui ne ſervoit qu'à traiter des ſciences ſublimes, elle ſeroit encore infiniment inutile aux initiés dans la Muſique, avec cette différence, qu'au lieu d'être plus difficile, elle ſeroit plus aiſée que la langue ordinaire, & ne pourroit, par conſéquent, être longtems un myſtére pour le public.

Il ne faut point regarder mon ſyſtême comme un projet tendant à détruire les anciens caractéres. Je veux croire que cette entrepriſe ſeroit chimérique, même avec la ſubſtitution la plus avantageuſe; mais je crois auſſi que la commodité des miens, & ſurtout leur extrême facilité méritent toujours qu'on les cultive indépendamment de ce que les autres pourront devenir.

Au reſte, dans l'état d'imperfection où ſont depuis ſi longtems les ſignes de la Muſique, il n'eſt point extraordinaire que pluſieurs perſonnes aient tenté de les refondre ou de les corriger. Il n'eſt pas même bien étonnant que pluſieurs ſe ſoient rencontrés dans le choix des ſignes les plus naturels & les plus propres à cette ſubſtitution, tels que ſont les chiffres. Cependant, comme la plûpart des hommes ne jugent guéres des choſes que ſur le premier coup d'œil, il pourra très-bien arriver que par cette unique raiſon de l'uſage des mêmes caractéres on m'accuſera de n'avoir fait que copier, & de donner ici un ſyſtême renouvellé. J'avoue qu'il eſt aiſé de ſentir que c'eſt bien moins le genre des ſignes que la maniére de les employer qui conſtitue la différence en fait de ſyſtêmes : autrement, il faudroit dire, par exemple, que l'Algébre & la Langue Françoiſe ne ſont que la même choſe parce qu'on s'y ſert également des lettres de l'Alphabet ; mais cette réflexion ne ſera pas probablement celle qui l'emportera, & il paroît ſi heureux par une ſeule objection de m'ôter à la fois le mérite de l'invention, & de mettre ſur mon compte les vices des autres ſyſtêmes, qu'il eſt des gens capables d'adopter cette critique uniquement à raiſon de ſa commodité.

Quoi qu'un pareil reproche ne me fut pas tout-à-fait indifférent, j'y ſerois bien moins ſenſible qu'à ceux qui pourroient tomber directement ſur mon ſyſtême. Il importe beaucoup plus de ſçavoir s'il eſt avantageux, que d'en bien connoître l'Auteur ; & quand on me refuſeroit l'honneur de l'invention, je ſerois moins touché de cette injuſtice que du plaiſir de le voir utile au public. La ſeule grace que j'ai droit de lui demander & que peu de gens m'accorderont, c'eſt de vouloir bien n'en juger qu'après avoir lû mon Ouvrage & ceux qu'on m'accuſeroit d'avoir copiés.

J'avois d'abord réſolu de ne donner ici qu'un plan très-abrégé, & tel, à peu-près, qu'il étoit contenu dans le Mémoire que j'eus l'honneur de lire à l'Académie Royale des Sciences le 22 Août 1742. J'ai réfléchi cependant, qu'il falloit parler au Public autrement qu'on ne parle à une Académie, & qu'il y avoit bien des objections de toute eſpéce à prévenir. Pour répondre donc à celles que j'ai pu prévoir, il a fallu faire quelques additions qui ont mis mon Ouvrage en l'état où le voilà. J'attendrai l'approbation du Public pour en donner un autre qui contiendra les principes abſolus de ma méthode, tels qu'ils doivent être enſeignés aux Ecoliers. J'y traiterai d'une nouvelle maniére de chiffrer l'accompagnement de l'Orgue & du Clavecin entiérement différente de tout ce qui a paru juſqu'ici dans ce genre, & telle qu'avec quatre ſignes ſeulement je chiffre toute ſorte de Baſſes continues, de maniére à rendre la modulation & la Baſſe-fondamentale toujours parfaitement connues de l'Accompagnateur, ſans qu'il lui ſoit poſſible de s'y tromper. Suivant cette méthode, on peut, ſans voir la Baſſe-figurée, accompagner très-juſte par les chiffres ſeuls, qui au lieu d'avoir raport à cette Baſſe-figurée, l'ont directement à la fondamentale; mais ce n'eſt pas ici le lieu d'en dire davantage ſur cet article.

DISSERTATION
SUR LA
MUSIQUE MODERNE.

IL paroit étonnant que les ſignes de la Muſique étant reſtés auſſi longtems dans l'état d'imperfection où nous les voyons encore aujourdui, la difficulté de l'apprendre n'ait pas averti le public que c'étoit la faute des caractéres & non pas celle de l'Art, ou, que s'en étant apperçu, on n'ait pas daigné y remédier. Il eſt vrai qu'on a donné ſouvent des projets en ce genre : mais de tous ces projets, qui, ſans avoir les avantages de la Muſique ordinaire en avoient les inconvéniens, aucun, que je ſçache, n'a juſqu'ici touché le but; ſoit qu'une pratique trop ſuperficielle ait fait échoüer ceux qui l'ont voulu conſidérer théoriquement ; ſoit que le génie étroit & borné des Muſiciens ordinaires les ait empêchés d'embraſſer un plan général & raiſonné, & de ſentir les vrais défauts de leur Art, de la perfection actuelle duquel ils ſont, pour l'ordinaire, très-entetés.

La Muſique a eu le ſort des Arts qui ne ſe perfectionnent que successivement. Les inventeurs de ses caractéres n'ont songé qu'à l'état où elle se trouvoit de leur tems, sans prévoir celui où elle pouvoit parvenir dans la suite. Il est arrivé delà que leur systême s'est bientôt trouvé défectueux, & d'autant plus défectueux que l'Art s'est plus perfectionné. A mesure qu'on avançoit, on établissoit des régles pour remédier aux inconvéniens présens, & pour multiplier une expression trop bornée, qui ne pouvoit suffire aux nouvelles combinaisons dont on la chargeoit tous les jours. En un mot : les inventeurs en ce genre, comme ledit M. Sauveur, n'ayant eu en vûe que quelques propriétés des sons, & surtout, la pratique du Chant qui étoit en usage de leur tems, ils se sont contentés de faire, par raport à cela, des systémes de Musique que d'autres ont peu à peu changés à mesure que le goût de la Musique changeoit. Or il n'est pas possible qu'un systême, fût-il d'ailleurs le meilleur du monde dans son origine, ne se charge à la fin d'embarras & de difficultés par les changemens qu'on y fait & les chevilles qu'on y ajoute, & cela ne sçauroit jamais faire qu'un tout fort embrouillé & fort mal assorti.

C'est le cas de la méthode que nous pratiquons aujourdui dans la Musique, en exceptant, cependant, la simplicité du principe qui ne s'y est jamais rencontrée. Comme le fondement en est absolument mauvais, on ne l'a pas proprement gâté, on n'a fait que le rendre pire, par les additions qu'on a été contraint d'y faire.

Il n'est pas aisé de sçavoir précisément en quel état étoit la Musique, quand Gui d'Arezze * s'avisa de

* Soit Gui d'Arezze, soit Jean de Mure, le nom de l'Auteur ne fait rien au systême, & je ne parle du premier que parce qu'il est plus connu.

ſupprimer tous les caractéres qu'on y employoit,pour leur ſubſtituer les nottes qui ſont en uſage aujourdui. Ce qu'il y a de vraiſemblable, c'eſt que ces premiers caractéres étoient les mémes avec leſquels les anciens Grecs exprimoient cette Muſique merveilleuſe, de laquelle, quoiqu'on en diſe, la nôtre n'approchera jamais quand à ſes effets, & ce qu'il y a de ſûr, c'eſt que Gui rendit un fort mauvais ſervice à la Muſique, & qu'il eſt fâcheux pour nous qu'il n'ait pas trouvé en ſon chemin des Muſiciens auſſi indociles que ceux d'aujourdui.

Il n'eſt pas douteux que les lettres de l'Alphabet des Grecs, ne fuſſent en même-tems les caractéres de leur Muſique, & les chiffres de leur Arithmétique : de ſorte qu'ils n'avoient beſoin que d'une ſeule eſpéce de ſignes, en tout au nombre de vingt-quatre, pour exprimer toutes les variations du diſcours, tous les raports des nombres, & toutes les combinaiſons des ſons ; en quoi ils étoient bien plus ſages ou plus heureux que nous, qui ſommes contraints de travailler notre imagination ſur une multitude de ſignes inutilement diverſifiés.

Mais, pour ne m'arrêter qu'à ce qui regarde mon ſujet, comment ſe peut-il qu'on ne s'apperçoive point de cette foule de difficultés que l'uſage des nottes à introduites dans la Muſique, ou que, s'en appercevant on n'ait pas le courage d'en tenter le reméde, d'eſſayer de la ramener à ſa premiére ſimplicité, & en un mot, de faire pour ſa perfection ce que Gui d'Arezze a fait pour la gâter : car, en vérité, c'eſt le mot, & je le dis malgré moi.

J'ai voulu chercher les raiſons dont cet Auteur dût ſe ſervir pour faire abolir l'ancien ſyſtéme en faveur du ſien, & je n'en ai jamais pu trouver d'autres que les deux ſuivantes. 1. Les nottes ſont plus apparentes que les chiffres. 2. Et leur poſition exprime mieux à la vûe la hauteur en l'abbaiſſement des ſons. Voilà donc les ſeuls principes ſur leſquels notre Aretin bâtit un nouveau ſyſtême de Muſique, anéantit toute celle qui étoit en uſage depuis deux mille ans, & apprit aux hommes à chanter difficilement.

Pour trouver ſi Gui raiſonnoit juſte, même en admettant la vérité de ſes deux propoſitions, la queſtion ſe réduiroit à ſçavoir ſi les yeux doivent être ménagés aux dépens de l'eſprit, & ſi la perfection d'une méthode conſiſte à en rendre les ſignes plus ſenſibles en les rendant plus embarraſſans : car c'eſt préciſément le cas de la ſienne.

M is nous ſommes diſpenſés d'entrer là-deſſus en diſcuſſion, puiſque ces deux propoſitions étant également fauſſes & ridicules, elles n'ont jamais pu ſervir de fondement qu'à un très-mauvais ſyſtême.

En premier lieu ; on voit d'abord que les nottes de la Muſique rempliſſant beaucoup plus de place que les chiffres auxquels on les ſubſtituë, on peut, en faiſant ces chiffres beaucoup plus gros, les rendre du moins auſſi viſibles que les nottes, ſans occuper plus de volume. On voit, de plus, que la Muſique nottée ayant des points, des quarts de ſoupirs, des lignes, des clefs, des Diéſes, & d'autres ſignes néceſſaires autant & plus menus que les chiffres, c'eſt par ces ſignes-là, & non par la groſſeur des nottes, qu'il faut déterminer le point de vûe.

En ſecond lieu; Gui ne devoit pas faire ſonner ſi haut l'utilité de la poſition des nottes : puiſque, ſans parler de cette foule d'inconvéniens dont elle eſt la cauſe, l'avantage qu'elle procure ſe trouve déja tout entier dans la Muſique naturelle : c'eſt-à-dire, dans la Muſique par chiffres ; on y voit du premier coup d'œil, de même qu'à l'autre, ſi un ſon eſt plus haut ou plus bas que celui qui le précéde ou que celui qui le ſuit, avec cette différence ſeulement que dans la méthode des chiffres, l'intervalle, ou le rapport des deux ſons qui le compoſent, eſt préciſément connu par la ſeule inſpection ; au lieu que dans la Muſique ordinaire vous connoiſſez à l'œil qu'il faut monter ou deſcendre, & vous ne connoiſſez rien de plus.

On ne ſçauroit croire quelle application, quelle perſévérance, & quelle adroite mécanique eſt néceſſaire dans le ſyſtême établi, pour acquérir paſſablement la ſcience des intervalles & des raports : c'eſt l'ouvrage pénible d'une habitude toujours trop longue & jamais aſſez étenduë, puiſqu'après une pratique de quinze & vingt ans le Muſicien trouve encore des ſauts qui l'embarraſſent, non-ſeulement quant à l'intonation, mais encore quant à la connoiſſance de l'intervalle, ſurtout, lorſqu'il eſt queſtion de ſauter d'une clé à l'autre. Cet article mérite d'être approfondi, & j'en parlerai plus au long.

Le ſyſtême de Gui eſt tout à fait comparable, quant à ſon idée, à celui d'un homme qui, ayant fait réflexion que les chiffres n'ont rien dans leurs figures qui réponde à leurs différentes valeurs, propoſeroit d'établir entr'eux une certaine groſſeur relative, & proportionnelle aux nombres qu'ils expriment. Le deux, par exemple, ſeroit du double plus gros que l'unité, le trois de la moitié plus gros que le deux, & ainſi de ſuite. Les défenſeurs de ce ſyſtême ne manqueroient pas de vous prouver qu'il eſt très-avantageux dans l'Arithmétique d'avoir ſous les yeux des caractéres uniformes qui, ſans aucune différence par la figure, n'en auroient que par la grandeur, & peindroient en quelque ſorte aux yeux les raports dont ils ſeroient l'expreſſion.

Au reſte; cette connoiſſance oculaire des hauts, des bas, & des intervalles eſt ſi néceſſaire dans la Muſique, qu'il n'y a perſonne qui ne ſente le ridicule de certains projets qui ont été quelquefois donnés pour notter ſur une ſeule ligne, par les caractéres les plus bizarres, les plus mal imaginés, & les moins analogues à leur ſignification; des queuës tournées à droite, à gauche, en haut, en bas, & de biais dans tous les ſens pour repréſenter des *Ut*, des *Re*, des *Mi*, &c. Des têtes & des queuës différemment ſituées pour répondre aux dénominations, *Pa*, *ra*, *ga*, *ſo*, *bo*, *lo*, *do*, ou d'autres ſignes tout auſſi ſinguliérement appliqués. On ſent d'abord que tout cela ne dit rien aux yeux & n'a nul raport à ce qu'il doit ſignifier, & j'oſe dire que les hommes ne trouveront jamais de caractéres convenables ni naturels que les ſeuls chiffres pour exprimer les ſons & tous leurs raports. On en connoîtra mille fois les raiſons dans le cours de cette lecture; en attendant, il ſuffit de remarquer que les chiffres étant l'expreſſion qu'on a données aux nombres, & les nombres eux-mêmes étant les expoſans de la génération des ſons, rien n'eſt ſi naturel que l'expreſſion des divers ſons par les chiffres de l'Arithmétique.

Il ne faut donc pas être ſurpris qu'on ait tenté quelquefois de ramener la Muſique à cette expreſſion naturelle. Pour peu qu'on réfléchiſſe ſur cet Art, non en Muſicien, mais en Philoſophe, on en ſent bientôt les défauts: l'on ſent encore que ces défauts ſont inhérens au fond même du ſyſtême, & dépendans uniquement du mauvais choix & non pas du mauvais uſage de ſes caractéres : car, d'ailleurs, on ne ſçauroit diſconvenir qu'une longue pratique ſuppléant en cela au raiſonnement, ne nous ait appris à les combiner de la maniére la plus avantageuſe qu'ils peuvent l'être.

Enfin, le raiſonnement nous méne encore juſqu'à connoître ſenſiblement que la Muſique dépendant des nombres elle devroit avoir la même expreſſion qu'eux : néceſſité qui ne naît pas ſeulement d'une certaine convenance générale, mais du fond même des principes phyſiques de cet Art.

Quand on eſt une fois parvenu-là, par une ſuite de raiſonnemens bien fondés & bien conſéquens, c'eſt alors qu'il faut quitter la Philoſophie & redevenir Muſicien, & c'eſt juſtement ce que n'ont fait aucun de ceux qui juſqu'à préſent ont propoſé des ſyſtêmes en ce genre. Les uns, partant quelquefois d'une théorie très-fine n'ont jamais ſçû venir à bout de la ramener à l'uſage, & les autres, n'embraſſant proprement que le méchanique de leur Art, n'ont pu remonter juſqu'aux grands principes qu'ils ne connoiſſoient pas, & d'où cependant, il faut néceſſairement partir pour embraſſer un ſyſtême lié. Le défaut de pratique dans les uns, le défaut de théorie dans les autres, & peut-être, s'il faut le dire, le défaut de génie dans tous, ont fait que juſqu'à préſent aucun des projets qu'on a publiés n'a remédié aux inconvéniens de la Muſique ordinaire, en conſervant ſes avantages.

Ce n'eſt pas qu'il ſe trouve une grande difficulté dans l'expreſſion des ſons par les chiffres, puiſqu'on pourroit toujours les repréſenter en nombre, ou par les dégrés de leurs intervalles, ou par les raports de leurs vibrations; mais l'embarras d'employer une certaine multitude de chiffres ſans ramener les inconvéniens de la Muſique ordinaire, & le beſoin de fixer le genre & la progreſſion des ſons par raport à tous les différens modes, demandent plus d'attention qu'il ne paroît d'abord : car la queſtion eſt proprement de trouver une méthode générale pour repréſenter, avec un très-petit nombre de caractéres, tous les ſons de la Muſique conſidérés dans chacun des vingt-quatre modes.

Mais la grande difficulté où tous les inventeurs de ſyſtêmes ont échoué, c'eſt celle de l'expreſſion des différentes durées des ſilences & des ſons. Trompés par les fauſſes régles de la Muſique ordinaire, ils n'ont jamais pu s'élever au-deſſus de l'idée des rondes, des noires & des croches; ils ſe ſont rendus les eſclaves de cette méchanique, ils ont adopté les mauvaiſes rélations qu'elle établit ; ainſi, pour donner aux nottes des valeurs déterminées, il a fallu inventer de nouveaux ſignes, introduire dans chaque notte une complication de figures, par raport à la durée, & par raport au ſon, d'où s'enſuivant des inconvéniens que n'a pas la Muſique ordinaire, c'eſt avec raiſon que toutes ces méthodes ſont tombées dans le décri; mais enfin, les défauts de cet Art n'en ſubſiſtent pas moins pour avoir été comparés avec des défauts plus grands, & quand on publieroit encore mille méthodes plus mauvaiſes, on en ſeroit toujours au même point de la queſtion, & tout cela ne rendroit pas plus parfaite celle que nous pratiquons aujourdui.

Tout le monde, excepté les Artiſtes, ne ceſſe de ſe plaindre de l'extrême longueur qu'exige l'étude de la Muſique avant que de la poſſéder paſſablement : mais, comme la Muſique eſt une des ſciences ſur leſquelles on a moins réfléchi, ſoit que le plaiſir qu'on y prend nuiſe au ſens froid néceſſaire pour méditer ; ſoit que ceux qui la pratiquent ne ſoient pas trop communément gens à réflexions, on ne s'eſt guéres aviſé juſqu'ici de rechercher les véritables cauſes de ſa difficulté, & l'on a injuſtement taxé l'Art même des défauts que l'Artiſte y avoit introduits.

On ſent bien, à la vérité, que cette quantité de lignes, de clés, de tranſpoſitions, de diéſes, de bémols, de bécarres, de meſures ſimples & composées, de rondes, de blanches, de noires, de croches, de doubles, de triples croches ; de pauſes, de demi-pauſes, de ſoupirs, de demi-ſoupirs, de quarts de ſoupir, &c. donne une foule de ſignes & de combinaiſons d'où réſulte bien de l'embarras & bien des inconvéniens : mais quels ſont préciſément ces inconvéniens ? Naiſſent-ils directement de la Muſique elle-même, ou de la mauvaiſe maniére de l'exprimer ? Sont-ils ſuſceptibles de correction, & quels ſont les remédes convenables qu'on y pourroit apporter, il eſt rare qu'on pouſſe l'examen juſques-là ; & après avoir eu la patience pendant des années entiéres de s'emplir la tête de ſons, & la mémoire de verbiage, il arrive ſouvent qu'on eſt tout étonné de ne rien concevoir à tout cela, qu'on prend en dégoût la Muſique & le Muſicien, & qu'on laiſſe-là l'un & l'autre, plus convaincu de l'ennuyeuſe difficulté de cet Art, que de ſes charmes ſi vantés.

J'entreprens de juſtifier la Muſique des torts dont on l'accuſe, & de montrer qu'on peut, par des routes plus courtes & plus faciles, parvenir à la poſſéder plus parfaitement & avec plus d'intelligence que par la méthode ordinaire, afin que ſi le public perſiſte à vouloir s'y tenir, il ne s'en prenne du moins qu'à lui-même des difficultés qu'il y trouvera.

Sans vouloir entrer ici dans le détail de tous les défauts du ſyſtême établi, j'aurai, cependant, occaſion de parler des plus conſidérables, & il ſera bon d'y remarquer toujours que ces inconvéniens étant des ſuites néceſſaires du fond même de la méthode, il eſt abſolument impoſſible de les corriger autrement que par une refonte générale telle que je la propoſe; il reſte à examiner ſi mon ſyſtême remédie en effet à tous ces défauts ſans en introduire d'équivalens, & c'eſt à cet examen que ce petit ouvrage eſt deſtiné.

En général; on peut réduire tous les vices de la Muſique ordinaire à trois claſſes principales. La premiére eſt la multitude des ſignes & de leurs combinaiſons qui ſurchargent inutilement l'eſprit & la mémoire des Commençans, de façon que l'oreille étant formée, & les organes ayant acquis toute la facilité néceſſaire longtems avant qu'on ſoit en état de chanter à livre ouvert, il s'enſuit que la difficulté eſt toute dans l'obſervation des régles, & nullement dans l'éxécution du chant. La ſeconde eſt le défaut d'évidence dans le genre des intervalles exprimés ſur la même ou ſur différentes Clés. Défaut d'une ſi grande étendue, que, non-ſeulement, il eſt la cauſe principale de la lenteur du progrès des Ecoliers; mais encore qu'il n'eſt point de Muſicien formé qui n'en ſoit quelquefois incommodé dans l'exécution. La troiſiéme enfin, eſt l'extrême diffuſion des caractéres & le trop grand volume qu'ils occupent, ce qui joint à ces lignes & à ces portées ſi ennuieuſes à tracer, devient une ſource d'embarras de plus d'une eſpéce. Peut-être cet article paroîtra-t-il de légére conſidération à bien des lecteurs : mais s'ils font réflexion à ce qui doit conſtituer la perfection des ſignes dans tous les genres & ſurtout en fait de Muſique, ils ſentiront qu'elle conſiſte eſſentiellement à beaucoup exprimer en peu d'eſpace, & qu'enfin dans les choſes d'inſtitution, & dans les choſes générales, le moins bien n'eſt jamais un petit défaut.

Il paroît d'abord aſſez difficile de trouver une méthode qui puiſſe remédier à tous ces inconvéniens à la fois. Comment donner plus d'évidence à nos ſignes, ſans les augmenter en nombre? Et comment les augmenter en nombre, ſans les rendre d'un côté plus longs à apprendre, plus difficiles à retenir, & de l'autre, plus étendus dans leur volume?

Cependant, à conſidérer la choſe de près, on ſent bientôt que tous ces défauts partent de la même ſource; ſçavoir, de la mauvaiſe inſtitution des ſignes & de la quantité qu'il en a fallu établir pour ſuppléer à l'expreſſion bornée & mal entendue qu'on leur a donnée en premier lieu; & il eſt démonſtratif que dès qu'on aura inventé des ſignes équivalens, mais plus ſimples, & en moindre quantité, ils auront par là même plus de préciſion & pourront exprimer autant de choſes en moins d'eſpace.

Il ſeroit avantageux, outre cela, que ces ſignes fuſſent déja connus, afin que l'attention fût moins partagée, & facile à figurer, afin de rendre la Muſique plus commode.

Voilà les vûes que je me ſuis propoſées, en méditant le ſyſtême que je préſente au public. Comme je deſtine un autre ouvrage au détail de ma méthode telle qu'elle doit être enſeignée aux Ecoliers, on n'en trouvera ici qu'un plan général qui ſuffira pour en donner la parfaite intelligence aux perſonnes qui cultivent actuellement la Muſique, & dans lequel j'eſpére, malgré ſa briéveté, que la ſimplicité de mes principes ne donnera lieu ni à l'obſcurité, ni à l'équivoque.

Il faut d'abord conſidérer dans la Muſique deux objets principaux chacun ſéparément. Le premier doit être l'expreſſion de tous les ſons poſſibles, & l'autre, celles de toutes les différentes durées tant des ſons que de leurs ſilences relatifs, ce qui comprend auſſi la différence des mouvemens.

Comme la Muſique n'eſt qu'un enchaînement de ſons qui ſe font entendre, ou tous enſemble, ou ſucceſſivement, il ſuffit que tous ces ſons aient des expreſſions relatives qui leur aſſignent à chacun la place qu'il doit occuper par raport à un certain ſon fondamental naturel ou arbitraire, pourvû que ce ſon fondamental ſoit nettement exprimé & que la relation ſoit facile à connoître. Avantages que n'a déja point la Muſique ordinaire où le ſon fondamental n'a nulle évidence particuliére, & où tous les raports des nottes ont beſoin d'être longtems étudiés.

Mais comment faut-il procéder pour déterminer ce ſon fondamental de la maniére la plus avantageuſe qu'il eſt poſſible, c'eſt d'abord une queſtion qui mérite fort d'être examinée. On voit déja qu'il n'eſt aucun ſon dans la nature qui contienne quelque propriété particuliére & connue, par laquelle on puiſſe le diſtinguer toutes les fois qu'on l'entendra. Vous ne ſçauriez décider ſur un ſon unique que ce ſoit un *ut* plutôt qu'un *la* ou un *re*, & tant que vous l'entendrez ſeul vous n'y pouvez rien appercevoir qui vous doive engager à lui attribuer un nom plutôt qu'un autre. C'eſt ce qu'avoit déja remarqué Monſieur de Mairan. Il n'y a, dit-il, dans la nature ni *ut* ni *ſol* qui ſoit quinte ou quarte par ſoi-même, parce que *ut*, *ſol*, ou *re* n'exiſtent qu'hypothétiquement ſelon le ſon fondamental que l'on a adopté. La ſenſation de chacun des tons n'a rien en ſoi de propre à la place qu'il tient dans l'étendue du clavier, rien qui le diſtingue des autres pris ſéparément. Le *Re* de l'Opera pourroit être l'*Ut* de Chapelle, ou au contraire : la même viteſſe, la même fréquence de vibrations qui conſtitue l'un pourra ſervir quand on voudra à conſtituer l'autre ; ils ne différent dans le ſentiment qu'en qualité de plus haut ou de plus bas, comme huit vibrations, par exemple, différent de neuf, & non pas d'une différence ſpécifique de ſenſation.

Voilà donc tous les ſons imaginables réduits à la ſeule faculté d'exciter des ſenſations par les vibrations qui les produiſent, & la propriété ſpécifique de chacun d'eux réduite au nombre particulier de ces vibrations pendant un tems déterminé : or comme il eſt impoſſible de compter ces vibrations, du moins d'une maniére directe, il reſte démontré qu'on ne peut trouver dans les ſons aucune propriété ſpécifique par laquelle on les puiſſe reconnoître ſéparément, & à plus forte raiſon qu'il n'y a aucun d'eux qui mérite par préférence d'être diſtingué de tous les autres & de ſervir de fondement aux raports qu'ils ont entre-eux.

Il eſt vrai que M. Sauveur avoit propoſé un moyen de déterminer un ſon fixe qui eut ſervi de baſe à tous les tons de l'échelle générale : mais ſes raiſonnemens mêmes prouvent qu'il n'eſt point de ſon fixe dans la nature, & l'artifice très-ingénieux & très-impratiquable qu'il imagina pour en trouver un arbitraire, prouve encore combien il y a loin des Hypothéſes, ou même, ſi l'on veut, des vérités de ſpéculation, aux ſimples régles de pratique.

Voions, cependant, ſi en épiant la nature de plus

près, nous ne pourrons point nous dispenser de recourir à l'Art, pour établir un ou plusieurs sons fondamentaux, qui puissent nous servir de principe de comparaison pour y rapporter tous les autres.

D'abord, comme nous ne travaillons que pour la pratique, dans la recherche des sons nous ne parlerons que de ceux qui composent le systême tempéré tel qu'il est universellement adopté, comptant pour rien ceux qui n'entrent point dans la pratique de notre Musique, & considérant comme justes sans exception tous les accords qui résultent du tempéramment. On verra bien-tôt que cette supposition, qui est la même qu'on admet dans la Musique ordinaire, n'ôtera rien à la variété que le systême tempéré introduit dans l'effet des différentes modulations.

En adoptant donc la suite de tous les sons du clavier telle qu'elle est pratiquée sur les Orgues & les Clavecins, l'expérience m'apprend qu'un certain son auquel on a donné le nom d'*ut*, rendu par un tuyau long de seize pieds ouvert, fait entendre assez distinctement, outre le son principal, deux autres sons plus foibles, l'un à la tierce majeure, & l'autre à la quinte *, auxquels on a donné les noms de *mi* & de *sol*. J'écris à part ces trois noms, & cherchant un tuyau à la quinte du premier qui rende le même son que je viens d'appeller *sol* ou son octave, j'en trouve un de dix pieds huit pouces de longueur, lequel outre le son principal *sol*, en rend aussi deux autres, mais plus foiblement; je les appelle *si* & *re*, & je trouve qu'ils sont précisément en même raport avec le *sol*

* C'est-à-dire, à la douziéme, qui est la replique de la quinte, & à la dix-septiéme, qui est la duplique de la tierce majeure. L'octave, & même plusieurs octaves s'entendent aussi assez distinctement, & s'entendroient bien mieux encore si l'oreille ne les confondoit quelquefois avec le son principal.

que le *sol* & le *mi* l'étoient avec l'*ut* ; je les écris à la suite des autres, omettant comme inutile d'écrire le sol une seconde fois. Cherchant un troisiéme tuyau à l'unisson de la quinte *re*, je trouve qu'il rend encore deux autres sons outre le son principal *re*, & toujours en même proportion que les précédens ; je les appelle *fa* & *la* *, & je les écris encore à la suite des précédens. En continuant de même sur le *la*, je trouverois encore deux autres sons : mais comme j'apperçois que la quinte est ce même *mi* qui a fait la tierce du premier son *ut*, je m'arrête-là, pour ne pas redoubler inutilement mes expériences, & j'ai les sept noms suivans, répondans au premier son *ut* & aux six autres que j'ai trouvés de deux en deux.

Ut, mi, sol, si, re, fa, la.

Rapprochant ensuite tous ces sons par octaves dans les plus petits intervalles où je puis les placer, je les trouve rangés de cette sorte ;

Ut, re, mi, fa, sol, la, si.

Et ces sept nottes ainsi rangées indiquent justement le progrès diatonique affecté au mode majeur par la nature même : or comme le premier son *ut* a servi de principe & de base à tous les autres, nous le prendrons pour ce son fondamental que nous

* Le *fa* qui fait la tierce majeure du *re* se trouve, par conséquent, diése dans cette progression, & il faut avouer qu'il n'est pas aisé de développer l'origine du *fa* naturel considéré comme quatriéme notte du ton : mais il y auroit là-dessus des observations à faire qui nous méneroient loin & qui ne seroient pas propres à cet ouvrage. Au reste ; nous devons d'autant moins nous arrêter à cette légéré exception qu'on peut démontrer que le *fa* naturel ne sçauroit être traité dans le ton d'*ut* que comme dissonance ou préparation à la dissonance.

avions cherché, parce qu'il eſt bien réellement la ſource & l'origine d'où ſont émanés tous ceux qui le ſuivent. Parcourir ainſi tous les ſons de cette échelle en commençant & finiſſant par le ſon fondamental, & en préférant toujours les premiers engendrés aux derniers, c'eſt ce qu'on appelle moduler dans le ton d'*ut* majeur, & c'eſt-là proprement la gamme fondamentale qu'on eſt convenu d'appeller naturelle préférablement aux autres, & qui ſert de régle de comparaiſon pour y conformer les ſons fondamentaux de tous les tons pratiquables. Au reſte : il eſt bien évident qu'en prenant le ſon rendu par tout autre tuyau pour le ſon fondamental *ut*, nous ſerions parvenus par des ſons differens à une progreſſion toute ſemblable, & que, par conſéquent, ce choix n'eſt que de pure convention & tout auſſi arbitraire que celui d'un tel ou tel méridien pour déterminer les dégrés de longitude.

Il ſuit delà, que ce que nous avons fait en prenant *ut* pour baſe de notre opération, nous le pouvons faire de même en commençant par un des ſix ſons qui le ſuivent, à notre choix, & qu'appellant *ut* ce nouveau ſon fondamental, nous arriverons à la même progreſſion que ci-devant, & nous trouverons tout de nouveau,

Ut, re, mi, fa, ſol, la, ſi.

Avec cette unique différence que ces derniers ſons étant placés à l'égard de leur ſon fondamental de la même maniére que les précédens l'étoient à l'égard du leur, & ces deux ſons fondamentaux étant pris ſur differens tuyaux, il s'enſuit que leurs ſons correſpondans ſont auſſi rendus par differens tuyaux, & que le premier *ut*, par exemple, n'étant pas le même

même que le ſecond, le premier *re* n'eſt pas non plus le même que le ſecond.

A préſent l'un de ces deux tons étant pris pour le naturel, ſi vous voulez ſçavoir ce que les différens ſons du ſecond ſont à l'égard du premier, vous n'avez qu'à chercher à quel ſon naturel du premier ton ſe rapporte le fondamental du ſecond, & le même raport ſubſiſtera toujours entre les ſons de même dénomination de l'un & de l'autre ton dans les octaves correſpondantes. Suppoſant, par exemple, que l'*ut* du ſecond ton ſoit un *ſol* au naturel, c'eſt-à-dire à la quinte de l'*ut* naturel, le *re* du ſecond ton ſera ſûrement un *la* naturel, c'eſt-à-dire, la quinte du *re* naturel, le *mi* ſera un *ſi*, le *fa* un *ut*, &c. & alors on dira qu'on eſt au ton majeur de *ſol*, c'eſt-à-dire, qu'on a pris le *ſol* naturel pour en faire le ſon fondamental d'un autre ton majeur.

Mais ſi, au lieu de m'arrêter en *la* dans l'expérience des trois ſons rendus par chaque tuyau, j'avois continué ma progreſſion de quinte en quinte juſqu'à me retrouver au premier *ut* d'où j'étois parti d'abord, ou à l'une de ſes octaves, alors j'aurois paſſé par cinq nouveaux ſons altérés des premiers, leſquels font avec eux la ſomme de douze ſons différens renfermés dans l'étenduë de l'octave, & faiſant enſemble ce qu'on appelle les douze cordes du ſyſtême chromatique.

Ces douze ſons repliqués à différentes octaves font toute l'étenduë de l'échelle générale ſans qu'il puiſſe jamais s'en préſenter aucun autre, du moins dans le ſyſtême tempéré, puiſqu'après avoir parcouru de quinte en quinte tous les ſons que les tuyaux faiſoient entendre, je ſuis arrivé à la replique du premier par lequel j'avois commencé, & que, par conséquent, en poursuivant la même opération, je n'aurois jamais que les repliques, c'est-à-dire, les octaves des sons précédens.

La méthode que la nature m'a indiquée & que j'ai suivie pour trouver la génération de tous les sons pratiqués dans la Musique m'apprend donc en premier lieu, non pas à trouver un son fondamental proprement dit qui n'existe point, mais à tirer d'un son établi par convention tous les mêmes avantages qu'il pourroit avoir s'il étoit réellement fondamental, c'est-à-dire, à en faire réellement l'origine & le générateur de tous les autres sons qui sont en usage & qui n'y peuvent être qu'en conséquence de certains raports déterminés qu'ils ont avec lui, comme les touches du clavier à l'égard du *C sol ut*.

Elle m'apprend en second lieu qu'après avoir déterminé le raport de chacun de ces sons avec le fondamental, on peut à son tour le considérer comme fondamental lui-même, puisque le tuyau qui le rend faisant entendre sa tierce majeure & sa quinte aussi-bien que le fondamental, on trouve, en partant de ce son-là comme générateur, une gamme qui ne différe en rien quant à sa progression de la gamme établie en premier lieu. C'est-à-dire, en un mot, que chaque touche du clavier peut & doit même être considérée sous deux sens tout-à-fait différens; suivant le premier, cette touche représente un son relatif au *C sol ut*, & qui en cette qualité s'appelle *re* ou *mi* ou *sol*, &c. selon qu'il est le second, le troisiéme ou le cinquiéme dégré de l'octave renfermée entre deux *ut* naturels. Suivant le second sens elle est le fondement d'un ton majeur, & alors elle doit constamment porter le nom d'*ut*, & toutes les autres touches ne devant être considérées que par les raports qu'elles ont avec la fondamentale, c'eſt ce raport qui détermine alors le nom qu'elles doivent porter ſuivant le dégré qu'elles occupent : comme l'octave renferme douze ſons, il faut indiquer celui qu'on choiſit & alors c'eſt un *la* ou un *re* &c. naturel, cela détermine le ſon : mais quand il faut le rendre fondamental & y fixer le ton, alors c'eſt conſtamment un *ut*, & cela détermine le progrès.

Il réſulte de cette explication que chacun des douze ſons de l'octave peut être fondamental ou relatif ſuivant la maniére dont il ſera employé, avec cette diſtinction que la diſpoſition de l'*ut* naturel dans l'échelle des tons le rend fondamental naturellement, mais qu'il peut toujours devenir relatif à tout autre ſon que l'on voudra choiſir pour fondamental; au lieu que ces autres ſons naturellement relatifs à celui d'*ut* ne deviennent fondamentaux que par une détermination particuliére. Au reſte ; il eſt évident que c'eſt la nature même qui nous conduit à cette diſtinction de fondement & de raports dans les ſons: chaque ſon peut être fondamental naturellement puiſqu'il fait entendre ſes harmoniques, c'eſt-à-dire, ſa tierce majeure & ſa quinte, qui ſont les cordes eſſentielles du ton dont il eſt le fondement, & chaque ſon peut encore être naturellement relatif puiſqu'il n'en eſt aucun qui ne ſoit une des harmoniques ou des cordes eſſentielles d'un autre ſon fondamental, & qui n'en puiſſe être engendré en cette qualité. On verra dans la ſuite pourquoi j'ai inſiſté ſur ces obſervations.

Nous avons donc douze ſons qui ſervent de fondemens ou de toniques aux douze tons majeurs pratiqués dans la Muſique, & qui en cette qualité ſont parfaitement ſemblables quant aux modifications qui résultent de chacun d'eux traité comme fondamental. A l'égard du mode mineur, il ne nous est point indiqué par la nature, & comme nous ne trouvons aucun son qui en fasse entendre les harmoniques nous pouvons concevoir qu'il n'a point de son fondamental absolu, & qu'il ne peut exister qu'en vertu du raport qu'il a avec le mode majeur dont il est engendré, comme il est aisé de le faire voir. *

Le premier objet que nous devons donc nous proposer dans l'institution de nos nouveaux signes, c'est d'en imaginer d'abord un qui désigne nettement dans toutes les occasions la corde fondamentale que l'on prétend établir, & le raport qu'elle a avec la fondamentale de comparaison, c'est-à-dire, avec l'*ut* naturel.

Supposons ce signe déja choisi. La fondamentale étant déterminée, il s'agira d'exprimer tous les autres sons par le raport qu'ils ont avec elle, car c'est elle seule qui en détermine le progrès & les altérations : ce n'est pas, à la vérité, ce qu'on pratique dans la Musique ordinaire où les sons sont exprimés constamment par certains noms déterminés qui ont un raport direct aux touches des instrumens & à la gamme naturelle sans égard au ton où l'on est ni à la fondamentale qui le détermine : mais comme il est ici question de ce qu'il convient le mieux de faire & non pas de ce qu'on fait actuellement, est-on moins en droit de rejetter une mauvaise pratique, si je fais voir que celle que je lui substitue mérite la préférence, qu'on le seroit de quitter un mauvais guide pour un autre qui vous montreroit un chemin plus commode & plus court? Et ne se moqueroit-on pas du premier s'il vouloit vous contraindre à le suivre toujours, par cette unique raison, qu'il vous égare depuis longtems?

* *Voyez* M. Rameau nouv. syst. p. 21. & tr. de l'Harm. p. 12. & 1..

Ces conſidérations nous ménent directement au choix des chiffres pour exprimer les ſons de la Muſique, puiſque les chiffres ne marquent que des raports & que l'expreſſion des ſons n'eſt auſſi que celle des raports qu'ils ont entr'eux. Auſſi avons-nous déja remarqué que les Grecs ne ſe ſervoient des lettres de leur Alphabet à cet uſage, que parce que ces lettres étoient en même tems les chiffres de leur arithmétique, au lieu que les caractéres de notre Alphabet ne portant point communément avec eux les idées de nombres ni de raports, ne ſeroient pas à beaucoup près ſi propres à les exprimer.

Il ne faut pas s'étonner après cela ſi l'on a tenté ſi ſouvent de ſubſtituer les chiffres aux nottes de la Muſique; c'étoit aſſurément le ſervice le plus important que l'on eût pu rendre à cet Art, ſi ceux qui l'ont entrepris avoient eu la patience ou les lumiéres néceſſaires pour embraſſer un ſyſtême général dans toute ſon étenduë. Le grand nombre de tentatives qu'on a faites ſur ce point fait voir qu'on ſent depuis longtems les défauts des caractéres établis. Mais il fait voir encore qu'il eſt bien plus aiſé de les appercevoir que des les corriger; faut-il conclure delà que la choſe eſt impoſſible?

Nous voilà donc déja déterminés ſur le choix des caractéres; il eſt queſtion maintenant de réfléchir ſur la meilleure maniére de les appliquer. Il eſt ſûr que cela demande quelque ſoin: car s'il n'étoit queſtion que d'exprimer tous les ſons par autant de chiffres différens il n'y auroit pas-là grande difficulté: mais auſſi n'y auroit-il pas non plus grand mérite, & ce ſeroit ramener dans la Muſique une confuſion encore pire que celle qui naît de la poſition des nottes.

Pour m'éloigner le moins qu'il eſt poſſible de

l'esprit de la méthode ordinaire, je ne ferai d'abord attention qu'au clavier naturel, c'est-à-dire, aux touches noires de l'Orgue & du Clavecin, réservant pour les autres des signes d'altération semblables à ceux qui se pratiquent communément. Ou plutôt, pour me fixer par une idée plus universelle, je considérerai seulement le progrès & le raport des sons affectés au mode majeur, faisant abstration à la modulation & aux changemens de ton, bien sûr qu'en faisant réguliérement l'application de mes caractéres, la fécondité de mon principe suffira à tout.

De plus : comme toute l'étenduë du clavier n'est qu'une suite de plusieurs octaves redoublées, je me contenterai d'en considérer une à part, & je chercherai ensuite un moyen d'appliquer successivement à toutes, les mémes caractéres que j'aurai affectés aux sons de celle-ci. Par-là, je me conformerai à la fois à l'usage qui donne les mêmes noms aux nottes correspondantes des différentes octaves, à mon oreille qui se plaît à en confondre les sons, à la raison qui me fait voir les mêmes raports multipliés entre les nombres qui les expriment, & enfin je corrigerai un des grands défauts de la Musique ordinaire qui est d'anéantir par une position vicieuse l'analogie & la ressemblance qui doit toujours se trouver entre les différentes octaves.

Il y a deux maniéres de considérer les sons & les raports qu'ils ont entr'eux ; l'une par leur génération, c'est-à-dire, par les différentes longueurs des cordes ou des tuyaux qui les font entendre, & l'autre, par les intervalles qui les séparent du grave à l'aigu.

A l'égard de la premiére, elle ne sçauroit être de nulle conséquence dans l'établissement de nos signes;

ſoit parce qu'il faudroit de trop grands nombres pour les exprimer; ſoit enfin, parce que de tels nombres ne ſont de nul avantage pour la facilité de l'intonation qui doit être ici notre grand objet.

Au contraire, la ſeconde maniére de conſidérer les ſons par leurs intervalles renferme un nombre infini d'utilités : c'eſt ſur elle qu'eſt fondé le ſyſtême de la poſition tel qu'il eſt pratiqué actuellement. Il eſt vrai que ſuivant ce ſyſtême, les nottes n'ayant rien en elles-mêmes ni dans l'eſpace qui les ſépare qui vous indique clairement le genre de l'intervalle, il faut anoner un tems infini avant que d'avoir acquis toute l'habitude néceſſaire pour le reconnoître au premier coup d'œil. Mais comme ce défaut vient uniquement du mauvais choix des ſignes, on n'en peut rien conclure contre le principe ſur lequel ils ſont établis, & l'on verra bien-tôt comment au contraire on tire de ce principe tous les avantages qui peuvent rendre l'intonation aiſée à apprendre & à pratiquer.

Prenant *ut* pour ce ſon fondamental auquel tous les autres doivent ſe raporter, & l'exprimant par le chiffre 1 nous aurons à ſa ſuite l'expreſſion des ſept ſons naturels, *ut*, *re*, *mi*, *fa*, *ſol*, *la*, *ſi*, par les ſept chiffres 1, 2, 3, 4, 5, 6, 7; de façon que tant que le chant roulera dans l'étenduë de ces ſept ſons, il ſuffira de les notter chacun par ſon chiffre correſpondant pour les exprimer tous ſans équivoque.

Il eſt évident que cette maniére de notter conſerve pleinement l'avantage ſi vanté de la poſition : car vous connoiſſez à l'œil auſſi clairement qu'il eſt poſſible ſi un ſon eſt plus haut ou plus bas qu'un autre; vous voyez parfaitement qu'il faut monter pour aller de l'1 au 5, & qu'il faut descendre pour aller du 4 au 2 : cela ne souffre pas la moindre replique.

Mais je ne m'étendrai pas ici sur cet article, & je me contenterai de toucher à la fin de cet ouvrage les principales réflexions qui naissent de la comparaison des deux méthodes ; si l'on suit mon projet avec quelque attention, elles se présenteront d'elles-mêmes à chaque instant, & en laissant à mes lecteurs le plaisir de me prévenir, j'espére de me procurer la gloire d'avoir pensé comme eux.

Les sept premiers chiffres ainsi disposés marqueront, outre les dégrés de leurs intervalles, celui que chaque son occupe à l'égard du son fondamental *ut*, de façon qu'il n'est aucun intervalle dont l'expression par chiffres ne vous présente un double raport, le premier entre les deux sons qui le composent, & le second, entre chacun d'eux & le son fondamental.

Soit donc établi que le chiffre 1 s'appellera toujours *ut*, 2 s'appellera toujours *re*, 3 toujours *mi*, &c. conformément à l'ordre suivant.

1, 2, 3, 4, 5, 6, 7
Ut, re, mi, fa, sol, la, si

Mais quand il est question de sortir de cette étenduë pour passer dans d'autres octaves, alors cela forme une nouvelle difficulté. Car il faut nécessairement multiplier les chiffres, ou suppléer à cela par quelque nouveau signe qui détermine l'octave où l'on chante, autrement l'*ut* d'enhaut étant écrit 1 aussi-bien que l'*ut* d'enbas, le Musicien ne pourroit éviter de les confondre, & l'équivoque auroit lieu nécessairement.

C'est ici le cas où la position peut être admise avec tous les avantages qu'elle a dans la Musique ordinaire ſans en conſerver ni les embarras, ni la difficulté. Etabliſſons une ligne horizontale ſur laquelle nous diſpoſerons toutes les nottes renfermées dans la même octave, c'eſt-à-dire depuis & compris l'*ut* d'en bas juſqu'à celui d'enhaut excluſivement. Faut-il paſſer dans l'octave qui commence à l'*ut* d'enhaut? Nous placerons nos chiffres au-deſſus de la ligne. Voulons-nous, au contraire, paſſer dans l'octave inférieure laquelle commence en deſcendant par le *ſi* qui ſuit l'*ut* poſé ſur la ligne? Alors nous les placerons au-deſſous de la même ligne. C'eſt-à-dire que la poſition qu'on eſt contraint de changer à chaque dégré dans la Muſique ordinaire ne changera dans la mienne qu'à chaque octave & aura, par conſéquent, ſix fois moins de combinaiſons. (voyez la planche Exemple 1.)

Après ce premier *ut*, je deſcens au *ſol* de l'octave inférieure : je reviens à mon *ut* &, après avoir fait le *mi* & le *ſol* de la même octave, je paſſe à l'*ut* d'enhaut, c'eſt à-dire, à l'*ut* qui commence l'octave ſupérieure : je redeſcens enſuite juſqu'au *ſol* d'en bas par lequel je reviens finir à mon premier *ut*.

Vous pouvez voir dans ces exemples (voyez la pl. Ex. 1 & 2.) comment le progrès de la voix eſt toujours annoncé aux yeux, ou par les différentes valeurs des chiffres s'ils ſont de la même octave, ou par leurs différentes poſitions ſi leurs octaves ſont différentes.

Cette méchanique eſt ſi ſimple qu'on la conçoit du premier regard, & la pratique en eſt la choſe du monde la plus aiſée. Avec une ſeule ligne vous modulez dans l'étenduë de trois octaves, & s'il ſe trouvoit que vous vouluſſiez paſſer encore au-delà, ce qui n'arrivera guéres dans une Muſique ſage, vous avez toujours la liberté d'ajouter des lignes accidentelles en haut & en bas comme dans la Musique ordinaire, avec la différence que dans celle-ci il faut onze lignes pour trois octaves, tandis qu'il n'en faut qu'une dans la mienne, & que je puis exprimer l'étenduë de cinq, six ; & près de sept octaves, c'est-à-dire, beaucoup plus que n'a d'étenduë le grand clavier, avec trois lignes seulement.

Il ne faut pas confondre la position telle que ma méthode l'adopte avec celle qui se pratique dans la Musique ordinaire : les principes en sont tout différens. La Musique ordinaire n'a en vûë que de vous indiquer des intervalles & de disposer en quelque façon vos organes par l'aspect du plus grand ou moindre éloignement des nottes, sans s'embarrasser de distinguer assez bien le genre de ces intervalles ni le dégré de cet éloignement pour en rendre la connoissance indépendante de l'habitude. Au contraire, la connoissance des intervalles qui fait proprement le fond de la science du Musicien m'a paru un point si important, que j'ai cru en devoir faire l'objet essentiel de ma méthode. L'explication suivante montre comment on parvient par mes caractéres à déterminer tous les intervalles possibles par leurs genres & par leurs noms, sans autre peine que celle de lire une fois ces remarques.

Nous distinguons d'abord les intervalles en directs & renversés, & les uns & les autres encore en simples & redoublés.

Je vais définir chacun de ces intervalles considéré dans mon systême.

L'intervalle direct est celui qui est compris entre deux sons dont les chiffres sont d'accord avec le progrès, c'est-à-dire que le son le plus haut doit avoir aussi le plus grand chiffre, & le son le plus bas le chiffre le plus petit. (Voyez la pl. Exemp. 3.)

L'intervalle renversé est celui dont le progrès est contrarié par les chiffres : c'est-à-dire que si l'intervalle monte le second chiffre est le plus petit, & si l'intervalle descend le second chiffre est le plus grand. (Voyez la pl. Ex. 4.)

L'intervalle simple est celui qui ne passe pas l'étenduë d'une octave, (Voyez la pl. Ex. 5.)

L'intervalle redoublé est celui qui passe l'étenduë d'une octave. Il est toujours la replique d'un intervalle simple. (Voyez Exemple 6.)

Quand vous entrez d'une octave dans la suivante, c'est-à-dire que vous passez de la ligne au-dessus ou au-dessous d'elle, ou *vice-versa*, l'intervalle est simple s'il est renversé, mais s'il est direct il sera toujours redoublé.

Cette courte explication suffit pour connoître à fond le genre de tout intervalle possible. Il faut à présent apprendre à en trouver le nom sur le champ.

Tous les intervalles peuvent être considérés comme formés des trois premiers intervalles simples qui sont la seconde, la tierce, la quarte ; dont les complémens à l'octave sont la septiéme, la sixte & la quinte ; à quoi si vous ajoutez cette octave elle-même, vous aurez tous les intervalles simples sans exception.

Pour trouver donc le nom de tout intervalle simple direct, il ne faut qu'ajouter l'unité à la différence des deux chiffres qui l'expriment. Soit, par exemple, cet intervalle 1, 5 ; la différence des deux chiffres est 4, à quoi ajoutant l'unité vous avez 5, c'est-à-dire la quinte pour le nom de cet intervalle ; il en seroit de même si vous aviez eu 2, 6 ; ou 7, 3,

&c. Soit cet autre intervalle 4, 5; la différence eſt 1, à quoi ajoutant l'unité vous avez 2, c'eſt-à-dire, une ſeconde pour le nom de cet intervalle. La régle eſt générale.

Si l'intervalle direct eſt redoublé, après avoir procédé comme ci devant, il faut ajouter 7 pour chaque octave, & vous aurez encore très-exactement le nom de votre intervalle: par exemple, vous voyez déja que –1–3–– eſt une tierce redoublée, ajoutez donc 7 à 3, & vous aurez 10, c'eſt-à-dire une dixiéme pour le nom de votre intervalle.

Si l'intervalle eſt renverſé, prenez le complément du direct, c'eſt le nom de votre intervalle: ainſi, parce que la ſixte eſt le complément de la tierce, & que cet intervalle –1–3––, eſt une tierce renverſée je trouve que c'eſt une ſixte: ſi de plus il eſt redoublé, ajoutez-y autant de fois 7 qu'il y a d'octaves. Avec ce peu de régles, dans quelque cas que vous ſoyez vous pouvez nommer ſur le champ & ſans le moindre embarras quelque intervalle qu'on vous préſente.

Voyons donc ſur ce que je viens d'expliquer à quel point nous ſommes parvenus dans l'art de ſolfier par la méthode que je propoſe.

D'abord toutes les nottes ſont connuës ſans exception; il n'a pas fallu bien de la peine pour retenir les noms de ſept caractéres uniques qui ſont les ſeuls dont on ait à charger ſa mémoire pour l'expreſſion des ſons; qu'on apprenne à les entonner juſte en montant & en deſcendant, diatoniquement & par intervalles, & nous voilà tout d'un coup débarraſſés des difficultés de la poſition.

A le bien prendre, la connoiſſance des intervalles par raport à la nomination n'eſt pas d'une néceſſité abſoluë, pourvû qu'on connoiſſe bien le ton d'où l'on part & qu'on ſçache trouver celui où l'on va. On peut entonner exactement l'*ut* & le *fa* ſans ſçavoir qu'on fait une quarte : & ſûrement cela ſeroit toujours bien moins néceſſaire par ma méthode que par la commune, où la connoiſſance nette & préciſe des nottes ne peut ſuppléer à celle des intervalles ; au lieu que dans la mienne, quand l'intervalle ſeroit inconnu, les deux nottes qui le compoſent ſeroient toujours évidentes ſans qu'on pût jamais s'y tromper dans quelque ton & à quelque Clé que l'on fut. Cependant tous les avantages ſe trouvent ici tellement réunis, qu'au moyen de trois ou quatre obſervations très-ſimples voilà mon Ecolier en état de nommer hardiment tout intervalle poſſible, ſoit ſur la même partie, ſoit en ſautant de l'une à l'autre, & d'en ſçavoir plus à cet égard dans une heure d'application, que des Muſiciens de dix & douze ans de pratique : car on doit remarquer, que les opérations dont je viens de parler ſe font tout d'un coup par l'eſprit & avec une rapidité bien éloignée des longues gradations indiſpenſables dans la Muſique ordinaire pour arriver à la connoiſſance des intervalles, & qu'enfin les régles ſeroient toujours préférables à l'habitude, ſoit pour la certitude, ſoit pour la briéveté, quand même elles ne feroient que produire le même effet.

Mais ce n'eſt rien d'être parvenus juſqu'ici : il eſt d'autres objets à conſidérer & d'autres difficultés à ſurmonter.

Quand j'ai ci-devant affecté le nom d'*ut* au ſon fondamental de la gamme naturelle je n'ai fait que me conformer à l'eſprit de la premiére inſtitution du nom des nottes & à l'uſage général des Muſiciens, & quand j'ai dit que la fondamentale de chaque ton avoit le même droit de porter le nom d'*ut* que ce premier ſon à qui il n'eſt affecté par aucune propriété particuliére, j'y ai encore été autoriſé par la pratique univerſelle de cette méthode qu'on appelle tranſpoſition, dans la Muſique vocale.

Pour effacer tout ſcrupule qu'on pourroit concevoir à cet égard, il faut expliquer ma penſée avec un peu plus d'étenduë : le nom d'*ut* doit-il être néceſſairement & toujours celui d'une touche fixe du clavier, ou doit-il au contraire être appliqué préférablement à la fondamentale de chaque ton, c'eſt la queſtion qu'il s'agit de diſcuter.

A l'entendre énoncer de cette maniére, on pourroit, peut-être, s'imaginer que ce n'eſt ici qu'une queſtion de mots. Cependant elle influë trop dans la pratique pour être mépriſée : il s'agit moins des noms en eux-mêmes, que de déterminer les idées qu'on leur doit attacher & ſur-leſquelles on n'a pas été trop bien d'accord juſqu'ici.

Demandez à une perſonne qui chante, ce que c'eſt qu'un *ut*, elle vous dira que c'eſt le premier ton de la gamme : demandez la même choſe à un jouëur d'inſtrumens, il vous répondra que c'eſt une telle touche de ſon violon ou de ſon clavecin. Ils ont tous deux raiſon ; ils s'accordent même en un ſens, & s'accorderoient tout à fait, ſi l'un ne ſe repréſentoit pas cette gamme comme mobile, & l'autre cet *ut* comme invariable.

Puiſque l'on eſt convenu d'un certain ſon à peu près fixe pour y régler la portée des voix & le diapaſon des inſtrumens, il faut que ce ſon ait néceſſairement un nom, & un nom ſixe comme le ſon qu'il exprime ; donnons lui le nom d'*ut* : j'y conſens. Réglons enſuite ſur ce nom-là tous ceux des différens ſons de l'échelle générale, afin que nous puiſſions indiquer le raport qu'ils ont avec lui & avec les différentes touches des inſtrumens : j'y conſens encore, & juſques-là le ſymphoniſte a raiſon.

Mais ces ſons auxquels nous venons de donner des noms, & ces touches qui les font entendre, ſont diſpoſés de telle maniére qu'ils ont entr'eux & avec la touche *ut* certains raports qui conſtituent proprement ce qu'on appelle ton, & ce ton dont *ut* eſt la fondamentale eſt celui que font entendre les touches noires de l'orgue & du clavecin quand on les jouë dans un certain ordre, ſans qu'il ſoit poſſible d'emploier toutes les mêmes touches pour quelque autre ton dont *ut* ne ſeroit pas la fondamentale, ni d'employer dans celui d'*ut* aucune des touches blanches du clavier leſquelles n'ont même aucun nom propre, & en prennent de différens s'appellant tantôt diéſes & tantôt bémols ſuivant les tons dans leſquels elles ſont employées.

Or quand on veut établir une autre fondamentale, il faut néceſſairement faire un tel choix des ſons qu'on veut employer, qu'ils aient avec elle précíſément les mémes raports que le *re*, le *mi*, le *ſol*, & tous les autres ſons de la gamme naturelle avoient avec l'*ut*. C'eſt le cas où le Chanteur a droit de dire au Symphoniſte : pourquoi ne vous ſervez-vous pas des mêmes noms pour exprimer les mêmes raports ? Au reſte, je crois peu néceſſaire de remarquer qu'il faudroit toujours déterminer la fondamentale par ſon nom naturel, & que c'eſt ſeulement après cette détermination qu'elle prendroit le nom d'*ut*.

Il eſt vrai qu'en affectant toujours les mêmes noms aux mêmes touches de l'inſtrument & aux mêmes nottes de la Musique, il semble d'abord qu'on établit un raport plus direct entre cette notte & cette touche, & que l'une excite plus aisément l'idée de l'autre qu'on ne feroit en cherchant toujours une égalité de raports entre les chiffres des nottes & le chiffre fondamental d'un côté, & de l'autre, entre le son fondamental & les touches de l'instrument.

On peut voir que je ne tâche pas d'énerver la force de l'objection ; oserai-je me flater à mon tour que les préjugés n'ôteront rien à celle de mes réponses ?

D'abord je remarquerai que le raport fixé par les mêmes noms entre les touches de l'instrument & les nottes de la Musique a bien des exceptions & des difficultés auxquelles on ne fait pas toujours assez d'attention.

Nous avons trois Clés dans la Musique, & ces trois Clés ont huit positions, ainsi, suivant ces différentes positions, voila huit touches différentes pour la même position, & huit positions pour la même touche & pour chaque touche de l'instrument : il est certain que cette multiplication d'idées nuit à leur netteté ; il y a même bien des Symphonistes qui ne les possédent jamais toutes à un certain point, quoique toutes les huit Clés soient d'usage sur plusieurs instrumens.

Mais renfermons-nous dans l'examen de ce qui arrive sur une seule Clé. On s'imagine que la même notte doit toujours exprimer l'idée de la même touche, & cependant cela est très-faux : car par des accidens fort communs, causés par les diéses & les bémols, il arrive à tout moment, non-seulement que la notte *si* devient la touche *ut*, que la notte *mi* devient la touche *fa* & réciproquement, mais encore

encore qu'une notte diésée à la Clé & diésée par accident monte d'un ton tout entier, qu'un *fa* devient un *sol*, un *ut* un *re*, &c. & qu'au contraire par un double bémol un *mi* deviendra un *re*, un *si* un *la* & ainsi des autres. Où en est donc la précision de nos idées. Quoi ! je vois un *sol* & il faut que je touche un *la* ! Est-ce là ce raport si juste, si vanté, auquel on veut sacrifier celui de la modulation ?

Je ne nie pas cependant qu'il n'y ait quelque chose de très ingénieux dans l'invention des accidens ajoutés à la Clé pour indiquer, non pas les differens tons, car ils ne sont pas toujours connus par-là, mais les différentes altérations qu'ils causent. Ils n'éxpliquent pas mal la théorie des progressions, c'est dommage qu'ils fassent acheter si cher cet avantage par la peine qu'ils donnent dans la pratique du chant & des instrumens. Que me sert, à moi, de sçavoir qu'un tel demi-ton à changé de place, & que de là on l'a transporté là pour en faire une notte sensible, une quatriéme ou une sixiéme notte; si d'ailleurs je ne puis venir à bout de l'exécuter sans me donner la torture, & s'il faut que je me souvienne éxactement de ces cinq diéses ou de ces cinq bémols pour les appliquer à toutes les nottes que je trouverai sur les mêmes positions ou à l'octave, & cela précisément dans le tems que l'exécution devient la plus embarrassante par la difficulté particuliére de l'instrument ? Mais ne nous imaginons pas que les Musiciens se donnent cette peine dans la pratique; ils suivent une autre route bien plus commode, & il n'y a pas un habile homme parmi eux qui après avoir préludé dans le ton où il doit jouer, ne fasse plus d'attention au dégré du ton où il se trouve &

dont il connoît la progreſſion, qu'au diéſe ou au bémol qui l'affecte.

En général, ce qu'on appelle chanter & exécuter au naturel eſt, peut-être, ce qu'il y a de plus mal imaginé dans la Muſique : car ſi les noms des nottes ont quelque utilité réelle, ce ne peut-être que pour exprimer certains raports, certaines affections déterminées dans les progreſſions des ſons. Or dès que le ton change, les raports des ſons & la progreſſion changeant auſſi, la raiſon dit qu'il faut de même changer les noms des nottes en les rapportant par analogie au nouveau ton, ſans quoi l'on renverſe le ſens des noms & l'on ôte aux mots le ſeul avantage qu'ils puiſſent avoir, qui eſt d'exciter d'autres idées avec celles des ſons. Le paſſage du *mi* au *fa* ou du *ſi* à l'*ut*, excite naturellement dans l'eſprit du Muſicien l'idée du demi ton. Cependant, ſi l'on eſt dans le ton de *ſi* ou dans celui de *mi*, l'intervalle du *ſi* à l'*ut* ou du *mi* au *fa* eſt toujours d'un ton & jamais d'un demi ton. Donc, au lieu de leur conſerver des noms qui trompent l'eſprit & qui choquent l'oreille exercée par une différente habitude, il eſt important de leur en appliquer d'autres dont le ſens connu ne ſoit point contradictoire, & annonce les intervalles qu'ils doivent exprimer. Or tous les raports des ſons du ſyſtême diatonique ſe trouvent exprimés dans le majeur tant en montant qu'en deſcendant dans l'octave compriſe entre deux *ut* ſuivant l'ordre naturel, & dans le mineur dans l'octave compriſe entre deux *la* ſuivant le même ordre en deſcendant ſeulement, car en montant le mode mineur eſt aſſujetti à des affections différente qui préſentent de nouvelles réflexions pour la théorie, leſquelles ne ſont pas aujourdui de mon ſujet, & qui ne font rien au ſyſtême que je propoſe.

Je ne diſconviens pas qu'à l'égard des inſtrumens ma méthode ne s'écarte beaucoup de l'eſprit de la méthode ordinaire : mais comme je ne crois pas la méthode ordinaire extrêmement eſtimable, & que je crois même d'en démontrer les défauts, il faudroit toujours avant que de me condanner par-là, ſe mettre en état de me convaincre, non pas de la différence, mais du déſavantage de la mienne.

Continuons d'en expliquer la mécanique. Je reconnois dans la Muſique douze ſons ou cordes originales, l'un deſquels eſt le *C ſol ut* qui ſert de fondement à la gamme naturelle : prendre un des autres ſons pour fondamental, c'eſt lui attribuer toutes les propriétés de l'*ut*; c'eſt proprement tranſpoſer la gamme naturelle plus haut ou plus bas de tant de dégrés. Pour déterminer ce ſon fondamental je me ſers du mot correſpondant, c'eſt-à-dire, du *ſol*, du *re*, du *la*, &c. & je l'écris à la marge au haut de l'air que je veux notter : alors ce *ſol* ou ce *re* qu'on peut appeller la Clé devient *ut* & ſervant de fondement à un nouveau ton & à une nouvelle gamme, toutes les nottes du Clavier lui deviennent relatives, & ce n'eſt alors qu'en vertu du raport qu'elles ont avec ce ſon fondamental qu'elles peuvent être employées.

C'eſt-là, quoiqu'on en puiſſe dire, le vrai principe auquel il faut s'attacher dans la compoſition, dans le prélude, & dans le Chant; & ſi vous prétendez conſerver aux nottes leurs noms naturels, il faut néceſſairement que vous les conſidériez tout à la fois ſous une double relation, ſçavoir par raport au *C ſol ut* & à la gamme naturelle, & par raport au ſon fondamental particulier, ſur lequel vous êtes contraint d'en régler le progrès & les altérations. Il n'y a qu'un ignorant qui jouë des diéses & des bémols sans penser au ton dans lequel il est, & alors Dieu sçait quelle justesse il peut y avoir dans son jeu!

Pour former donc un Eléve suivant ma méthode, je parle de l'instrument, car pour le Chant la chose est si aisée qu'il seroit superflu de s'y arrêter, il faut d'abord lui apprendre à connoître & à toucher par leur nom naturel, c'est-à-dire, sur la Clé d'*ut* toutes les touches de son instrument. Ces prémiers noms lui doivent servir de régle pour trouver ensuite les autres fondamentales & toutes les modulations possibles des tons majeurs auxquels seuls il suffit de faire attention, comme je l'expliquerai bientôt.

Je viens ensuite à la Clé *sol*, & après lui avoir fait toucher le *sol*, je l'avertis que ce *sol* devenant la fondamentale du ton doit alors s'appeller *ut*, & je lui fais parcourir sur cet *ut* toute la gamme naturelle en haut & en bas suivant l'étenduë de son instrument: comme il y aura quelque différence dans la touche ou dans la disposition des doigts à cause du demi ton transposé, je la lui ferai remarquer. Après l'avoir exercé quelque tems sur ces deux tons, je l'amenerai à la Clé *re*, & lui faisant appeller *ut* le *re* naturel, je lui fais recommencer sur cet *ut* une nouvelle gamme, & parcourant ainsi toutes les fondamentales de quinte en quinte, il se trouvera enfin dans le cas d'avoir préludé en mode majeur sur les douze cordes du systême chromatique, & de connoître parfaitement le raport & les affections différentes de toutes les touches de son instrument sur chacun de ces douze différens tons.

Alors je lui mets de la Musique aisée entre les mains. La Clé lui montre quelle touche doit prendre la dénomination d'*ut*, & comme il a appris à trouver le *mi* & le *ſol*, &c. c'eſt-à-dire, la tierce majeure & la quinte, &c. ſur cette fondamentale, un 3 & un 5 ſont bientôt pour lui des ſignes familiers, & ſi les mouvemens lui étoient connus & que l'inſtrument n'eut pas ſes difficultés particuliéres, il ſeroit dès-lors en état d'exécuter à livre ouvert toute ſorte de Muſique ſur tous les tons & ſur toutes les Clés. Mais avant que d'en dire davantage ſur cet article, il faut achever d'expliquer la partie qui regarde l'expreſſion des ſons.

A l'égard du mode mineur j'ai déja remarqué que la nature ne nous l'avoit point enſeigné directement. Peut-être vient-il d'une ſuite de la progreſſion dont j'ai parlé dans l'expérience des tuyaux, où l'on trouve qu'à la quatriéme quinte cet *ut* qui avoit ſervi de fondement à l'opération fait une tierce mineure avec le *la* qui eſt alors le ſon fondamental. Peut-être eſt-ce auſſi de-là que naît cette grande correſpondance entre le mode majeur *ut* & le mode mineur de ſa ſixiéme notte, & réciproquement entre le mode mineur *la* & le mode majeur de ſa médiante.

De plus; la progreſſion des ſons affectés au mode mineur eſt préciſément la même qui ſe trouve dans l'octave compriſe entre deux *la*, puiſque, ſuivant Monſieur Rameau, il eſt eſſentiel au mode mineur d'avoir ſa tierce & ſa ſixte mineures, & qu'il n'y a que cette octave où, tous les autres ſons étant ordonnés comme ils doivent l'être, la tierce & la ſixte ſe trouvent mineures naturellement.

Prenant donc *la* pour le nom de la tonique des tons mineurs, & l'exprimant par le chiffre 6, je laiſſerai toujours à ſa médiante *ut* le privilége d'être, non pas tonique, mais fondamentale caractériſtique;

je me conformerai en cela à la nature qui ne nous fait point connoître de fondamentale proprement dite dans les tons mineurs, & je conserverai à la fois l'uniformité dans les noms des nottes & dans les chiffres qui les expriment & l'analogie qui se trouve entre les modes majeur & mineur pris sur les deux cordes *ut* & *la*.

Mais cet *ut* qui par la transposition doit toujours être le nom de la tonique dans les tons majeurs, & celui de la médiante dans les tons mineurs, peut, par conséquent, être pris sur chacune des douze cordes du systême chromatique, & pour la désigner, il suffira de mettre à la marge le nom de cette corde prise sur le clavier dans l'ordre naturel. On voit par là que si le chant est dans le ton d'*ut* majeur ou de *la* mineur, il faudra écrire *ut* à la marge; si le chant est dans le ton de *re* majeur ou de *si* mineur, il faut écrire *re* à la marge; pour le ton de *mi* majeur ou d'*ut* diése mineur, on écrira *mi* à la marge, & ainsi de suite: c'est-à-dire que la notte écrite à la marge, ou la Clé désigne précisement la touche du clavier qui doit s'appeller *ut*, & par conséquent être tonique dans le ton majeur, médiante dans le mineur & fondamentale dans tous les deux: sur quoi l'on remarquera que j'ai toujours appellé cet *ut* fondamentale & non pas tonique, parce qu'elle ne l'est que dans les tons majeurs, mais qu'elle sert également de fondement à la rélation & au nom des nottes & même aux differentes octaves dans l'un & l'autre mode: mais à le bien prendre la connoissance de cette Clé n'est d'usage que pour les instrumens & ceux qui chantent n'ont jamais besoin d'y faire attention.

Il suit de là que la même Clé sous le même nom d'*ut*,

déſigne, cependant, deux tons différens, ſçavoir le majeur dont elle eſt tonique & le mineur dont elle eſt médiante & dont, par conſéquent, la tonique eſt une tierce au-deſſous d'elle. Il ſuit encore que les mêmes noms des nottes & les nottes affectées de la même maniére, du moins en deſcendant ſervent également pour l'un & l'autre mode, de ſorte que non ſeulement on n'a pas beſoin de faire une étude particuliére des modes mineurs : mais que même on ſeroit à la rigueur diſpenſé de les connoître, les raports exprimés par les mêmes chiffres n'étant point différens quand la fondamentale eſt tonique que quand elle eſt médiante : cependant pour l'évidence du ton & pour la facilité du prélude on écrira la Clé tout ſimplement quand elle ſera tonique, & quand elle ſera médiante on ajoutera au deſſous d'elle une petite ligne horiſontale. (Voyez la pl. Ex. 7. & 8.

Il faut parler à préſent des changemens de ton : mais comme les altérations accidentelles des ſons s'y préſentent ſouvent, & qu'elles ont toujours lieu dans le mode mineur en montant de la dominante à la tonique, je dois auparavant en expliquer les ſignes.

Le diéſe s'exprime par une petite ligne oblique qui croiſe la notte en montant de droite à gauche, *ſol* diéſe, par exemple, s'exprime ainſi, 5. *Fa* diéſe ainſi, 4. Le bémol s'exprime auſſi par une ſemblable ligne qui croiſe la notte en deſcendant ; 7, 3, & ces ſignes, plus ſimples que ceux qui ſont en uſage, ſervent encore à montrer à l'œil le genre d'altération qu'ils cauſent.

Pour le béquarre, il n'eſt devenu néceſſaire que par le mauvais choix du diéſe & du bémol : parce qu'étant des caractéres ſéparés des nottes qu'ils altérent, s'il s'en trouve pluſieurs de ſuite ſous l'un ou l'autre de ces ſignes, on ne peut jamais diſtinguer celles qui doivent être affectées de celles qui ne le doivent pas ſans ſe ſervir du béquarre. Mais comme par mon ſyſtême le ſigne de l'altération, outre la ſimplicité de ſa figure a encore l'avantage d'être toujours inhérent à la notte altérée, il eſt clair que toutes celles auxquelles on ne le verra point devront être exécutées au ton naturel qu'elles doivent avoir ſur la fondamentale où l'on eſt. Je retranche donc le béquarre comme inutile, & je le retranche encore comme équivoque, puiſqu'il eſt commun de le trouver employé en deux ſens tout oppoſés: car les uns s'en ſervent pour ôter l'altération cauſée par les ſignes de la Clé, & les autres, au contraire, pour remettre la notte au ton qu'elle doit avoir conformément à ces mêmes ſignes.

A l'égard des changemens de ton ſoit pour paſſer du majeur au mineur, ou d'une tonique à une autre, il pourroit ſuffire de changer la Clé : mais comme il eſt extrêmement avantageux de ne point rendre la connoiſſance de cette Clé néceſſaire à ceux qui chantent, & que, d'ailleurs, il faudroit une certaine habitude pour trouver facilement le raport d'une Clé à l'autre, voici la précaution qu'il y faut ajouter. Il n'eſt queſtion que d'exprimer la premiére notte de ce changement de maniére à repréſenter ce qu'elle étoit dans le ton d'où l'on ſort, & ce qu'elle eſt dans celui où l'on entre. Pour cela ; j'écris d'abord cette premiére notte entre deux doubles lignes perpendiculaires par le chiffre qui la repréſente dans le ton précédent, ajoûtant au-deſſus d'elle la Clé ou le nom de la fondamentale du ton où l'on va entrer : j'écris enſuite cette même notte par le chiffre qui l'exprime dans le ton qu'elle commence. De ſorte qu'eu égard à la ſuite du Chant , le premier chiffre indique le ton de la notte , & le ſecond ſert à en trouver le nom.

Vous voyez (pl. Ex. 9.) non-ſeulement que du ton de *ſol* vous paſſez dans celui d'*ut*, mais que la notte *fa* du ton précédent eſt la même que la notte *ut* qui ſe trouve la premiére dans celui où vous entrez.

Dans cet autre exemple, (Voyez Ex. 10.) la premiére notte *ut* du premier changement ſeroit le *mi* bémol du mode précédent, & la premiére notte *mi* du ſecond changement ſeroit l'*ut* diéſe du mode précédent, comparaiſon très commode pour les voix & même pour les inſtrumens leſquels ont de plus l'avantage du changement de Clé. On y peut reremarquer auſſi que dans les changemens de mode, la fondamentale change toujours, quoique la tonique reſte la même ; ce qui dépend des régles que j'ai expliquées ci-devant.

Il reſte dans l'étenduë du clavier une difficulté dont il eſt tems de parler. Il ne ſuffit pas de connoître le progrès affecté à chaque mode, la fondamentale qui lui eſt propre , ſi cette fondamentale eſt tonique ou médiante , ni enfin de la ſçavoir raporter à place qui lui convient dans l'étenduë de la gamme naturelle, mais il faut encore ſçavoir à quelle octave, & en un mot à quelle touche préciſe du clavier elle doit appartenir.

Le grand clavier ordinaire a cinq octaves d'étendue, & je m'y bornerai pour cette explication , en remarquant ſeulement qu'on eſt toujours libre de le prolonger de part & d'autre tout auſſi loin qu'on voudra ſans rendre la notte plus diffuſe ni plus incommode.

Suppoſons donc que je ſois à la Clé d'*ut* c'eſt-à-dire au ton d'*ut* majeur ou de *la* mineur qui conſtituë le clavier naturel. Le clavier ſe trouve alors diſpoſé de ſorte que depuis le premier *ut* d'en bas juſqu'au dernier *ut* d'en haut je trouve quatre octaves complettes outre les deux portions qui reſtent en haut & en bas entre l'*ut*, & le *fa* qui termine le clavier de part & d'autre.

J'appelle A, la premiére octave compriſe entre l'*ut* d'en bas & le ſuivant vers la droite, c'eſt-à-dire, tout ce qui eſt renfermé entre 1 & 7 incluſivement. J'appelle B. l'octave qui commence au ſecond *ut* comptant de même vers la droite ; C la troiſiéme, D la quatriéme, &c. juſqu'à E ou commence une cinquiéme octave qu'on pouſſeroit plus haut ſi l'on vouloit. A l'égard de la portion d'en bas qui commence au premier *fa* & ſe termine au premier *ſi* comme elle eſt imparfaite ne commençant point par la fondamentale, nous l'appellerons l'Octave X ; & cette lettre X ſervira dans toute ſorte de tons à déſigner les nottes qui reſteront au bas du clavier au-deſſous de la premiére tonique.

Suppoſons que je veuille notter un air à la Clé d'*ut*, c'eſt-à-dire, au ton d'*ut* majeur ou de *la* mineur ; j'écris *ut* au haut de la page à la marge, & je le rends médiante ou tonique ſuivant que j'y ajoute ou non la petite ligne horizontale.

Sçachant ainſi quelle corde doit être la fondamentale du ton, il n'eſt plus queſtion que de trouver dans laquelle des cinq octaves roule davantage le Chant que j'ai à exprimer & d'en écrire la lettre au commencement de la ligne ſur laquelle je place mes nottes. Les deux eſpaces au-deſſus & au-deſſous repréſenteront les étages contigus, & ſerviront pour les nottes qui peuvent excéder en haut ou en bas l'octave repreſentée par la lettre que j'ai miſe au commencement de la ligne. J'ai déja remarqué que ſi le Chant ſe trouvoit aſſez bizarre pour paſſer cette étendue, on ſeroit toujours libre d'ajouter une ligne en haut ou en bas, ce qui peut quelquefois avoir lieu pour les inſtrumens.

Mais comme les Octaves ſe content toujours d'une fondamentale à l'autre, & que ces fondamentales ſont différentes ſuivant les différens tons où l'on eſt, les octaves ſe prennent auſſi ſur différens dégrés, & ſont tantôt plus hautes ou plus baſſes, ſuivant que leur fondamentale eſt éloignée du *C ſol ut* naturel.

Pour repréſenter clairement cette mécanique, j'ai joint ici (voyez la planche) une table générale de tous les ſons du clavier, ordonnés par raport aux douze cordes du ſyſtême chromatique priſes ſucceſſivement pour fondamentales.

On y voit d'une maniére ſimple & ſenſible le progrès des différens ſons par raport au ton où l'on eſt. On verra auſſi par l'explication ſuivante comment elle facilite la pratique des inſtrumens au point de n'en faire qu'un jeu, non-ſeulement par raport aux inſtrumens à touches marquées, comme le Baſſon, le Hautbois, la Flutte, la Baſſe de Viole, & le Clavecin, mais encore à l'égard du Violon, du Violoncelle & de toute autre eſpéce ſans exception.

Cette table repréſente toute l'étenduë du clavier combiné ſur les douze cordes : le clavier naturel où l'*ut* conſerve ſon propre nom ſe trouve ici au ſixiéme rang marqué par une étoile à chaque extrêmité, & c'eſt à ce rang que tous les autres doivent ſe raporter comme au terme commun de comparaiſon. On voit qu'il s'étend depuis le *fa* d'en bas juſqu'à celui d'en haut à la diſtance de cinq octaves, qui font ce qu'on appelle le grand clavier.

J'ai déja dit que l'intervalle compris depuis le premier 1 juſqu'au premier 7 qui le ſuit vers la droite s'apelle A ; que l'intervalle compris depuis le ſecond 1 júſqu'à l'autre 7 s'appelle l'octave B ; l'autre, l'octave C, &c. juſqu'au cinquiéme 1 ou commence l'octave E que je n'ai portée ici que juſqu'au *fa*. A l'égard des quatre nottes qui ſont à la gauche du premier *ut*, j'ai dit encore qu'elles appartiennent à l'octave X, à laquelle je donne ainſi une lettre hors de rang pour exprimer que cette octave n'eſt pas complette, parce qu'il faudroit pour parvenir juſqu'à l'*ut* deſcendre plus bas que le clavier ne le permet.

Mais ſi je ſuis dans un autre ton, comme par exemple à la Clé de *re*, alors ce *re* change de nom & devient *ut*, c'eſt pourquoi l'octave A compriſe depuis la premiére tonique juſqu'à ſa ſeptiéme notte eſt d'un dégré plus élevée que l'octave correſpondante du ton précédent, ce qu'il eſt aiſé de voir par la table, puiſque cet *ut* du troiſiéme rang, c'eſt-à-dire de la Clé de *re* correſpond au *re* de la Clé naturelle d'*ut* ſur lequel il tombe perpendiculairement, & par la même raiſon l'octave X y a plus de nottes que la même octave de la Clé d'*ut*, parce que les octaves en s'élevant davantage s'éloignent de la plus baſſe notte du clavier.

Voilà pourquoi les octaves montent depuis la Clé d'*ut* juſqu'à la Clé de *mi*, & deſcendent depuis la même Clé d'*ut* juſqu'à celle de *fa* : car ce *fa* qui eſt la plus baſſe notte du clavier devient alors fondamentale & commence, par conſéquent, la premiére octave A.

Tout ce qui eſt donc compris entre les deux premiéres lignes obliques vers la gauche eſt toujours de l'octave A, mais à différens dégrés ſuivant le ton où l'on eſt. La même touche, par exemple, ſera *ut* dans le ton majeur de *mi*, *re* dans celui de *re*, *mi* dans celui d'*ut*, *fa* dans celui de *ſi*, *ſol* dans celui de *la*, *la* dans celui de *ſol*, *ſi* dans celui de *fa*. C'eſt toujours la même touche parce que c'eſt la même colonne, & c'eſt la même octave, parce que cette colonne eſt renfermée entre les mêmes lignes obliques. Donnons un exemple de la façon d'exprimer le Ton, l'octave & la touche ſans équivoque. (Voyez la pl. Exemp. 11.)

Cet exemple eſt à la Clé de *re*, il faut donc le raporter au quatriéme rang répondant à la même Clé, l'octave B. marquée ſur la ligne montre que l'intervalle ſupérieur dans lequel commence le chant répond à l'octave ſupérieure C : ainſi la notte 3 marquée d'un *a* dans la table eſt juſtement celle qui répond à la premiére de cet exemple. Ceci ſuffit pour faire entendre que dans chaque partie on doit mettre ſur le commencement de la ligne la lettre correſpondante à l'octave dans laquelle le chant de cette partie roule le plus, & que les eſpaces qui ſont au-deſſus & au-deſſous ſeront pour les octaves ſupérieure & inférieure.

Les lignes horizontales ſervent à ſéparer de demi-ton en demi-ton les différentes fondamentales dont les noms ſont écris à la droite de la table.

Les lignes perpendiculaires montrent que toutes les nottes traverſées de la même ligne ne ſont toujours qu'une même touche dont le nom naturel, ſi elle en a un, ſe trouve au ſixiéme rang & les autres noms dans les autres rangs de la même colonne ſuivant les differens tons où l'on eſt. Ces lignes perpendiculaires ſont de deux ſortes ; les unes noires qui ſervent à montrer que les chiffres qu'elles joignent repréſentent une touche naturelle, & les autres ponctuées qui ſont pour les touches blanches ou altérées, de façon qu'en quelque ton que l'on ſoit on peut connoître ſur le champ par le moyen de cette table quelles ſont les nottes qu'il faut altérer pour exécuter dans ce ton-là.

Les Clés que vous voyez au commencement ſervent à déterminer quelle notte doit porter le nom d'*ut*, & à marquer le ton comme je l'ai déja dit; il y en a cinq qui peuvent être doubles parce que le bémol de la ſupérieure marqué *b*, & le diéſe de l'inférieure marqué *d* produiſent le même effet *. Il ne ſera pas mal cependant de s'en tenir aux dénominations que j'ai choiſies, & qui, abſtraction faite de toute autre raiſon, ſont du moins préférables parce qu'elles ſont les plus uſitées.

Il eſt encore aiſé par le moyen de cette table de marquer préciſément l'étenduë de chaque partie tant vocale qu'inſtrumentale, & la place qu'elle occupera dans ces différentes octaves ſuivant le ton où l'on ſera.

Je ſuis convaincu qu'en ſuivant exactement les principes que je viens d'expliquer, il n'eſt point de Chant qu'on ne ſoit en état de ſolfier en très peu de tems & de trouver de même ſur quelque inſtrument que ce ſoit avec toute la facilité poſſible. Rappellons un peu en détail ce que j'ai dit ſur cet article.

* Ce n'eſt qu'en vertu du temperamment que la même touche peut ſervir de diéſe à l'une & de bémol à l'autre, puiſque d'ailleurs, perſonne n'ignore que la ſomme de deux demi-tons mineurs ne ſçauroient faire un ton.

Au lieu de commencer d'abord à faire exécuter machinalement des Airs à cet Ecolier ; au lieu de lui faire toucher tantôt des diéses, tantôt des bémols sans qu'il puisse concevoir pourquoi il le fait, que le premier soin du Maître soit de lui faire connoître à fond tous les sons de son instrument par raport aux différens tons sur lesquels ils peuvent être pratiqués.

Pour cela, après lui avoir appris les noms naturels de toutes les touches de son instrument, il faut lui présenter un autre point de vûe & le rappeller à un principe général. Il connoît déja tous les sons de l'octave suivant l'échelle naturelle, il est question, à présent, de lui en faire faire l'analyse. Supposons-le devant un Clavecin. Le Clavier est divisé en soixante & une touche : on lui explique que ces touches prises successivement & sans distinction de blanches ni de noires expriment des sons qui de gauche à droite vont en s'élevant de demi-ton en demi-ton. Prenant la touche *ut* pour fondement de notre opération, nous trouverons toutes les autres de l'échelle naturelle disposées à son égard de la maniére suivante.

La deuxiéme notte, *re*, à un ton d'intervalle vers la droite, c'est-à-dire, qu'il faut laisser une touche intermédiaire entre l'*ut* & le *re* pour la division des deux demi-tons.

La troisiéme, *mi*, à un autre ton du *re* & à deux tons de l'*ut*, de sorte qu'entre le *re* & le *mi* il faut encore une touche intermédiaire.

La quatriéme, *fa*, à un demi-ton du *mi* & à deux tons & demi de l'*ut* : par conséquent, le *fa* est la touche qui suit le *mi* immédiatement sans en laisser aucune entre deux.

La cinquiéme, *sol*, à un ton du *fa*, & à trois

tons & demi de l'*ut* ; il faut laisser une touche intermediaire.

La sixiéme, *la*, à un ton du *sol*, & à quatre tons & demi de l'*ut* ; autre touche intermédiaire.

La septiéme, *si*, à un ton du *la* & à cinq tons & demi de l'*ut* ; autre touche intermédiaire.

La huitiéme, *ut* d'en haut, à demi ton du *si*, & à six tons du premier *ut* dont elle est l'octave par conséquent le *si* est contigu à l'*ut* qui le suit, sans touche intermédiaire.

En continuant ainsi tout le long du clavier, on n'y trouvera que la replique des mêmes intervalles, & l'Ecolier se les rendra aisément familiers de même que les chiffres qui les expriment & qui marquent leur distance de l'*ut* fondamental. On lui fera remarquer qu'il y a une touche intermédiaire entre chaque dégré de l'octave, excepté entre le *mi* & le *fa*, & entre le *si* & l'*ut* d'en haut où l'on trouve deux intervalles de demi ton chacun qui ont leur position fixe dans l'échelle.

On observera aussi qu'à la Clé d'*ut* toutes les touches noires sont justement celles qu'il faut prendre & que toutes les blanches sont les intermédiaires qu'il faut laisser. On ne cherchera point à lui faire trouver du mystére dans cette distribution & l'on lui dira seulement que comme le clavier seroit trop étendu ou les touches trop petites si elles étoient toutes uniformes, & que d'ailleurs la Clé d'*ut* est la plus usitée dans la Musique, on a, pour plus de commodité, rejetté hors des intervalles les touches blanches qui n'y sont que de peu d'usage. On se gardera bien aussi d'affecter un air sçavant en lui parlant des tons & des demi tons majeurs & mineurs, des comma, du tempéramment ; tout cela est ab-

solument

ſolument inutile à la pratique, du moins pour ce tems-là ; en un mot, pour peu qu'un Maître ait d'eſprit & qu'il poſſéde ſon Art, il a tant d'occaſions de briller en inſtruiſant, qu'il eſt inexcuſable quand ſa vanité eſt à pure perte pour le Diſciple.

Quand on trouvera que l'Ecolier poſſéde aſſez bien ſon clavier naturel, on commencera alors à le lui faire tranſpoſer ſur d'autres Clés, en choiſiſſant d'abord celles où les ſons naturels ſont les moins altérés. Prenons, par exemple, la Clé de *ſol.*

Ce mot *ſol*, direz-vous à l'Ecolier, écrit ainſi à la marge ſignifie qu'il faut tranſporter au *ſol* & à ſon octave le nom & toutes les propriétés de l'*ut* & de la gamme naturelle. Enſuite, après l'avoir exhorté à ſe rappeller la diſpoſition des tons de cette gamme, vous l'inviterez à l'appliquer dans le même ordre au *ſol* conſidéré comme fondamentale, c'eſt-à-dire, comme un *ut* ; d'abord, il ſera queſtion de trouver le *re* ; ſi l'Ecolier eſt bien conduit, il le trouvera de lui-même, & touchera le *la* naturel qui eſt préciſément par raport au *ſol* dans la même ſituation que le *re* par raport à l'*ut* ; pour trouver le *mi*, il touchera le *ſi* ; pour trouver le *fa* il touchera l'*ut*, & vous lui ferez remarquer qu'effectivement ces deux derniéres touches donnent un demi-ton d'intervalle intermédiaire, de même que le *mi* & le *fa* dans l'Echelle naturelle. En pourſuivant de même, il touchera le *re* pour le *ſol* & le *mi* pour le *la*. Juſqu'ici il n'aura trouvé que des touches naturelles pour exprimer dans l'Octave *ſol* l'échelle de l'Octave *ut* ; de ſorte que ſi vous pourſuivez, & que vous demandiez le *ſi* ſans rien ajouter, il eſt preſque immanquable qu'il touchera le *fa* naturel : alors vous l'arréterez-là, & vous lui demanderez s'il ne ſe ſouvient pas qu'entre le *la*

& le *si* naturel il a trouvé un intervalle d'un ton & une touche intermédiaire : vous lui montrerez en même tems cet intervalle à la Clé d'*ut*, & revenant à celle de *sol*, vous lui placerez le doigt sur le *mi* naturel que vous nommerez *la* en demandant où est le *si* ; alors il se corrigera sûrement & touchera le *fa* diése; peut-être touchera-t-il le *sol* : mais au lieu de vous impatienter, il faut saisir cette occasion de lui expliquer si bien la régle des tons & demi-tons par raport à l'octave *ut*, & sans distinction de touches noires & blanches, qu'il ne soit plus dans le cas de pouvoir s'y tromper.

Alors il faut lui faire parcourir le clavier de haut en bas & de bas en haut, en lui faisant nommer les touches conformément à ce nouveau ton, vous lui ferez aussi observer que la touche blanche qu'on y employe y devient nécessaire pour constituer le demi-ton qui doit être entre le *si* & l'*ut* d'enhaut, & qui seroit sans cela entre le *la* & le *si*, ce qui est contre l'ordre de la gamme. Vous aurez soin, sur-tout, de lui faire concevoir qu'à cette Clé-là, le *sol* naturel est réellemont un *ut*, le *la* un *re*, le *si* un *mi*, &c. De sorte que ces noms & la position de leurs touches relatives lui deviennent aussi familiéres qu'à la Clé d'*ut*, & que tant qu'il est à la Clé de *sol* il n'envisage le clavier que par cette seconde exposition.

Quand on le trouvera suffisamment exercé, on le mettra à la Clé de *re* avec les mêmes précautions, & on l'amenera aisément à y trouver de lui-même le *mi* & le *si* sur deux touches blanches : cette troisiéme Clé achévera de l'éclaircir sur la situation de tous les tons de l'échelle rélativement à quelque fondamentale que ce soit, & vraisemblablement il n'aura plus besoin d'explication pour trouver l'ordre des tons sur toutes les autres fondamentales.

Il ne sera donc plus question que de l'habitude, & il dépendra beaucoup du Maître de contribuer à la former s'il s'applique à faciliter à l'Ecolier la pratique de tous les intervalles par des remarques sur la position des doigts qui lui en rendent bientôt la méchanique familiére.

Après cela ; de courtes explications sur le mode mineur, sur les altérations qui lui sont propres, & sur celles qui naissent de la modulation dans le cours d'une même piéce, un Ecolier bien conduit par cette méthode doit sçavoir à fond son clavier sur tous les tons dans moins de trois mois, donnons lui en six, au bout desquels nous partirons de là pour le mettre à l'exécution, & je soutiens que s'il a d'ailleurs quelque connoissance des mouvemens il jouera dès-lors à livre ouvert les airs nottés par mes caractéres, ceux, du moins, qui ne demanderont pas une grande habitude dans le doigter. Qu'il mette six autres mois à se perfectionner la main & l'oreille, soit pour l'harmonie, soit pour la mesure, & voila dans l'espace d'un an un Musicien du premier ordre, pratiquant également toutes les Clés, connoissant les modes & tous les tons, toutes les cordes qui leur sont propres, toute la suite de la modulation & transposant toute piéce de Musique dans toutes sortes de tons avec la plus parfaite facilité.

C'est ce qui me paroît découler évidemment de la pratique de mon systême & que je suis prêt de confirmer non-seulement par des preuves de raisonnement, mais par l'expérience, aux yeux de quiconque en voudra voir l'effet.

Au reste, ce que j'ai dit du Clavecin s'applique de

même à tout autre inſtrument avec quelques légéres différences par raport aux inſtrumens à manche, qui naiſſent des différentes altérations propres à chaque ton : comme je n'écris ici que pour les Maîtres à qui cela eſt connu, je n'en dirai que ce qui eſt abſolument néceſſaire pour mettre dans ſon jour une objection qu'on pourroit m'oppoſer & pour en donner la ſolution.

C'eſt un fait d'expérience que les différens tons de la Muſique ont tous certain caractére qui leur eſt propre & qui les diſtingue chacun en particulier. L'*A mi la* majeur, par exemple, eſt brillant; l'*F ut fa* eſt majeſtueux; le *ſi* bémol majeur eſt tragique; le *fa* mineur eſt triſte; l'*ut* mineur eſt tendre; & tous les autres tons ont de même par préférence je ne ſçais quelle aptitude à exciter tel ou tel ſentiment dont les habiles maîtres ſçavent bien ſe prévaloir. Or puiſque la modulation eſt la même dans tous les tons majeurs, pourquoi un ton majeur exciteroit-il une paſſion, plutôt qu'un autre ton majeur? Pourquoi le même paſſage du *re* au *fa* produit-il des effets différens quand il eſt pris ſur différentes fondamentales, puiſque le raport demeure le même. Pourquoi cet air joué en A *mi la* ne rend-il plus cette expreſſion qu'il avoit en G *re ſol*? Il n'eſt pas poſſible d'attribuer cette différence au changement de fondamentale; puiſque, comme je l'ai dit, chacune de ces fondamentales priſe ſéparément n'a rien en elle qui puiſſe exciter d'autre ſentiment que celui du ſon haut ou bas qu'elle fait entendre : ce n'eſt point proprement par les ſons que nous ſommes touchés : c'eſt par les raports qu'ils ont entre eux, & c'eſt uniquement par le choix de ces raports charmans qu'une belle compoſition peut émouvoir le cœur en flattant l'oreille. Or ſi le raport d'un *ut* à un *ſol* ou d'un *re* à un *la* eſt le même dans tous les tons, pourquoi produit-il différens effets ?

Peut-être trouveroit-on des Muſiciens embarraſſés d'en expliquer la raiſon ; & elle ſeroit, en effet, très-inexpliquable ſi l'on admettoit à la rigueur cette identité de raport dans les ſons exprimés par les mêmes noms & repréſentés par les mêmes intervalles ſur tous les tons.

Mais ces raports ont entre eux de légéres différences ſuivant les cordes ſur leſquelles ils ſont pris, & ce ſont ces différences ſi petites en apparence qui cauſent dans la Muſique cette variété d'expreſſions ſenſible à toute oreille délicate, & ſenſible à tel point qu'il eſt peu de Muſicien qui en écoutant un concert ne connoiſſe en quel ton l'on exécute actuellement.

Comparons, par exemple, le *C ſol ut* mineur, & le *D la re*. Voilà deux modes mineurs deſquels tous les ſons ſont exprimés par les mêmes intervalles & par les mêmes noms, chacun relativement à ſa tonique : cependant l'affection n'eſt point la même, & il eſt inconteſtable que le *C ſol ut* eſt plus touchant que le *D la re*. Pour en trouver la raiſon il faut entrer dans une recherche aſſez longue dont voici à peu près le réſultat. L'intervalle qui ſe trouve entre la tonique *re* & ſa ſeconde notte eſt un peu plus petit que celui qui ſe trouve entre la tonique du *C ſol ut* & ſa ſeconde notte ; au contraire : le demi-ton qui ſe trouve entre la ſeconde notte & la médiante du *D la re* eſt un peu plus grand que celui qui eſt entre la ſeconde notte & la médiante du *C ſol ut* ; de ſorte que la tierce mineure reſtant à peu près égale de part & d'autre, elle eſt partagée dans le *C ſol ut* en deux intervalles un peu plus inégaux que dans le *D la re*.

Ce qui rend l'intervalle du demi-ton plus petit de la même quantité dont celui du ton eſt plus grand.

On trouve auſſi, par l'accord ordinaire du Clavecin, le demi-ton compris entre le *ſol* naturel & le *la* bémol un peu plus petit que celui qui eſt entre le *la* & le *ſi* bémol. Or plus les deux ſons qui forment un demi-ton ſe raprochent & plus le paſſage eſt tendre & touchant, c'eſt l'expérience qui nous l'apprend, & c'eſt, je crois, la véritable raiſon pour laquelle le mode mineur du *C ſol ut* nous attendrit plus que celui du *D la re*; que ſi, cependant, la diminution vient juſqu'à cauſer de l'altération à l'harmonie, & jetter de la dureté dans le Chant, alors le ſentiment ſe change en triſteſſe, & c'eſt l'effet que nous éprouvons dans l'*F ut fa* mineur.

En continuant nos recherches dans ce goût-là, peut-être parviendrions-nous à peu près à trouver par ces différences légéres qui ſubſiſtent dans les raports des ſons & des intervalles, les raiſons des différens ſentimens excités par les divers tons de la Muſique. Mais ſi l'on vouloit auſſi trouver la cauſe de ces différences, il faudroit entrer pour cela dans un détail dont mon ſujet me diſpenſe, & qu'on trouvera ſuffiſamment expliqué dans les ouvrages de Monſieur Rameau. Je me contenterai de dire ici en général que comme il a fallu pour éviter de multiplier les ſons faire ſervir les mêmes à pluſieurs uſages, on n'a pu y réuſſir qu'en les altérant un peu, ce qui fait qu'eu égard à leurs différens raports, ils perdent quelque choſe de la juſteſſe qu'ils devroient avoir. Le *mi*, par exemple, conſidéré comme tierce majeure d'*ut*, n'eſt point à la rigueur, le même *mi* qui doit faire la quinte du *la*; la différence eſt petite, à la vérité, mais enfin elle existe, & pour la faire évanouir il a fallu tempérer un peu cette quinte : par ce moyen on n'a employé que le même son pour ces deux usages : mais delà vient aussi que le ton du *re* au *mi* n'est pas de la même espéce que celui de l'*ut* au *re*, & ainsi des autres.

On pourroit donc me reprocher que j'anéantis ces différences par mes nouveaux signes, & que, par-là même, je détruis cette variété d'expression si avantageuse dans la Musique. J'ai bien des choses à répondre à tout cela.

En premier lieu ; le tempéramment est un vrai défaut ; c'est une altération que l'art a causée à l'harmonie faute d'avoir pu mieux faire. Les harmoniques d'une corde ne nous donnent point de quinte tempérée, & la méchanique du tempéramment introduit dans la modulation des tons si durs, par exemple, le *re* & le *sol* diéses, qu'ils ne sont pas supportables à l'oreille. Ce ne seroit donc pas une faute que d'éviter ce défaut, & sur-tout dans les caractéres de la Musique, qui, ne participant pas au vice de l'instrument devroient, du moins par leur signification, conserver toute la pureté de l'harmonie.

De plus ; les altérations causées par les différens tons ne sont point pratiquées par les voix ; l'on n'entonne point, par exemple, l'intervalle 45 autrement que l'on entonneroit celui-ci 56, quoique cet intervalle ne soit pas tout-à-fait le même, & l'on module en chantant avec la même justesse dans tous les tons, malgré les altérations particuliéres que l'imperfection des instrumens introduit dans ces différens tons, & à laquelle la voix ne se conforme jamais à moins qu'elle n'y soit contrainte par l'unisson des instrumens.

La nature nous apprend à moduler ſur tous les tons préciſément dans toute la juſteſſe des intervalles ; les voix conduites par elle le pratiquent exactement. Faut-il nous éloigner de ce qu'elle preſcrit pour nous aſſujettir à une pratique défectueuſe, & faut-il ſacrifier, non pas à l'avantage, mais au vice des Inſtrumens l'expreſſion naturelle du plus parfait de tous. C'eſt ici qu'on doit ſe rappeller tout ce que j'ai dit ci-devant ſur la génération des ſons, & c'eſt par-là qu'on ſe convaincra que l'uſage de mes ſignes n'eſt qu'une expreſſion très-fidelle & très-exacte des opérations de la nature.

En ſecond lieu ; dans les plus conſidérables inſtrumens, comme l'Orgue, le Clavecin & la Viole, les touches étant fixées, les altérations différentes de chaque ton dépendent uniquement de l'accord, & elles ſont également pratiquées par ceux qui en jouent quoiqu'ils n'y penſent point. Il en eſt de même des Fluttes, des Hautbois, Baſſons & autres Inſtrumens à trous, les diſpoſitions des doigts ſont fixées pour chaque ſon & le ſeront de même par mes caractéres ſans que les Ecoliers pratiquent moins le tempéramment pour n'en pas connoître l'expreſſion.

D'ailleurs, on ne ſçauroit me faire là-deſſus aucune difficulté qui n'attaque en même tems la Muſique ordinaire, dans laquelle, bien loin que les petites différences des intervalles de même eſpéce ſoient indiquées par quelque marque, les différences ſpécifiques ne le ſont même pas, puiſque les tierces ou les ſixtes, majeures & mineures, ſont exprimées par les mêmes intervalles & les mêmes poſitions ; au lieu que dans mon ſyſtême les différens chiffres employés dans les intervalles de même dénomination font du moins connoître s'ils ſont majeurs ou mineurs.

Enfin, pour trancher tout d'un coup toute cette difficulté, c'eſt au Maître & à l'oreille à conduire l'Ecolier dans la pratique des différens tons & des altérations qui leur ſont propres : la Muſique ordinaire ne donne point de régles pour cette pratique que je ne puiſſe appliquer à la mienne avec encore plus d'avantage, & les doigts de l'Ecolier ſeront bien plus heureuſement conduits en lui faiſant pratiquer ſur ſon Violon les intervalles avec les altérations qui leur ſont propres dans chaque ton en avançant ou reculant un peu le doigt, que par cette foule de diéſes & de bémols qui faiſant de plus petits intervalles entre eux, & ne contribuant point à former l'oreille, troublent l'Ecolier par des différences qui lui ſont long-tems inſenſibles.

Si la perfection d'un ſyſtême de Muſique conſiſtoit à y pouvoir exprimer une plus grande quantité de ſons, il ſeroit aiſé en adoptant celui de M. Sauveur de diviſer toute l'étenduë d'une ſeule octave en 3010 décamérides ou intervalles égaux, dont les ſons ſeroient repréſentés par des nottes différemment figurées ; mais de quoi ſerviroient tous ces caractéres, puiſque la diverſité des ſons qu'ils exprimeroient ne ſeroit non plus à la portée de nos oreilles qu'à celle des organes de notre voix ? Il n'eſt donc pas moins inutile qu'on apprenne à diſtinguer l'*ut* double diéſe du *re* naturel, dès que nous ſommes contraints de le pratiquer ſur ce même *re*, & qu'on ne ſe trouvera jamais dans le cas d'exprimer en notte la différence qui doit s'y trouver, parce que ces deux ſons ne peuvent être relatifs à la même modulation.

Tenons pour une maxime certaine que tous les ſons d'une mode doivent toujours être conſidérés par le raport qu'ils ont avec la fondamentale de ce mode-là, qu'ainſi les intervalles correſpondans devroient être parfaitement égaux dans tous les tons de même eſpéce; auſſi les conſidére-t-on comme tels dans la compoſition, & s'ils ne le ſont pas à la rigueur dans la pratique, les Facteurs épuiſent du moins toute leur habileté dans l'accord pour en rendre la différence inſenſible.

Mais ce n'eſt pas ici le lieu de m'étendre davantage ſur cet article : ſi de l'aveu de la plus Sçavante Académie de l'Europe mon ſyſtême a des avantages marqués par deſſus la méthode ordinaire pour la Muſique vocale, il me ſemble que ces avantages ſont bien plus conſidérables dans la partie inſtrumentale, du moins, j'expoſerai les raiſons que j'ai de le croire ainſi; c'eſt à l'expérience à confirmer leur ſolidité. Les Muſiciens ne manqueront pas de ſe récrier, & de dire qu'ils exécutent avec la plus grande facilité par la méthode ordinaire & qu'ils ſont de leurs Inſtrumens tout ce qu'on en peut faire par quelque méthode que ce ſoit. D'accord; je les admire en ce point, & il ne ſemble pas en effet qu'on puiſſe pouſſer l'exécution à un plus haut degré de perfection que celui ou elle eſt aujourdui : mais enfin quand on leur fera voir qu'avec moins de tems & de peine on peut parvenir plus ſûrement à cette même perfection, peut-être ſeront-ils contraints de convenir que les prodiges qu'ils opérent ne ſont pas tellement inſéparables des barres, des noires & des croches qu'on n'y puiſſe arriver par d'autres chemins. Proprement, j'entreprens de leur prouver qu'ils ont encore plus de mérite qu'ils ne penſoient, puiſqu'ils ſuppléent par la force de leurs talens aux défauts de la méthode dont ils ſe ſervent.

Si l'on a bien compris la partie de mon ſyſtême que je viens d'expliquer, on ſentira qu'elle donne un méthode générale pour exprimer ſans exception tous les ſons uſités dans la Muſique, non pas, à la vérité, d'une maniére abſoluë, mais relativement à un ſon fondamental déterminé, ce qui produit un avantage conſidérable en vous rendant toujours préſent le ton de la piéce & la ſuite de la modulation. Il me reſte maintenant à donner une autre méthode encore plus facile pour pouvoir notter tous ces mêmes ſons de la même maniére ſur un rang horizontal, ſans avoir jamais beſoin de lignes ni d'intervalles pour exprimer les différentes octaves.

Pour y ſuppléer donc, je me ſers du plus ſimple de tous les ſignes, c'eſt-à-dire, du point; & voici comment je le mets en uſage. Si je ſors de l'octave par laquelle j'ai commencé pour faire une notte dans l'étendue de l'octave ſupérieure & qui commence à l'*ut* d'en haut, alors je mets un point au-deſſus de cette notte par laquelle je ſors de mon octave, & ce point une fois placé, c'eſt un avis que non-ſeulement la notte ſur laquelle il eſt, mais encore toutes celles qui la ſuivront ſans aucun ſigne qui le détruiſe devront être priſes dans l'étenduë de cette Octave ſupérieure où je ſuis entré. Par exemple

Ut C 1 3 5 $\dot{1}$ 3 5

Le point que vous voyez ſur le ſecond *ut* marque que vous entrez-là dans l'octave au-deſſus de celle où vous avez commencé, & que par conſéquent le 3 & le 5 qui ſuivent ſont auſſi de cette même octave ſupérieure & ne ſont point les mêmes que vous aviez entonnés auparavant.

Au contraire; ſi je veux ſortir de l'octave où je

me trouve pour passer à celle qui est au-dessous, alors je mets le point sous la notte par laquelle j'y entre.*

Ut d 5 3 1 5 3 1

Ainsi ce premier 5 étant le même que le dernier de l'éxemple précédent, par le point que vous voyez ici sous le second 5 vous êtes averti que vous sortez de l'octave où vous étiez monté pour rentrer dans celle par où vous aviez commencé précédemment.

En un mot : quand le point est sur la notte vous passez dans l'octave supérieure, s'il est au-dessous vous passez dans l'inférieure, & quand vous changeriez d'octave à chaque notte, ou que vous voudriez monter ou descendre de deux ou trois octaves tout d'un coup ou successivement, la régle est toujours générale & vous n'avez qu'à mettre autant de points au-dessous ou au-dessus que vous avez d'octaves à descendre ou à monter.

Ce n'est pas à dire qu'à chaque point vous montiez ou vous descendiez d'une octave : mais à chaque point vous entrez dans une octave différente, dans un autre étage soit en montant, soit en descendant, par raport au son fondamental *ut* lequel ainsi se trouve bien de la même octave en descendant diatoniquement, mais non pas en montant : Le point, dans cette façon de notter, équivaut aux lignes & aux intervalles de la précédente ; tout ce qui est dans la même position appartient au même point, & vous n'avez besoin d'un autre point que lorsque vous passez dans une autre position, c'est-à-dire, dans une autre octave. Surquoi il faut remarquer que je ne me sers de ce mot d'octave qu'abusivement & pour ne pas multiplier inutilement les termes, parce que proprement l'étenduë que je désigne par ce mot n'est remplie que d'un étage de sept nottes, l'*ut* d'en haut n'y étant pas compris.

Voici une suite de nottes qu'il sera aisé de solfier par les régles que je viens d'établir.

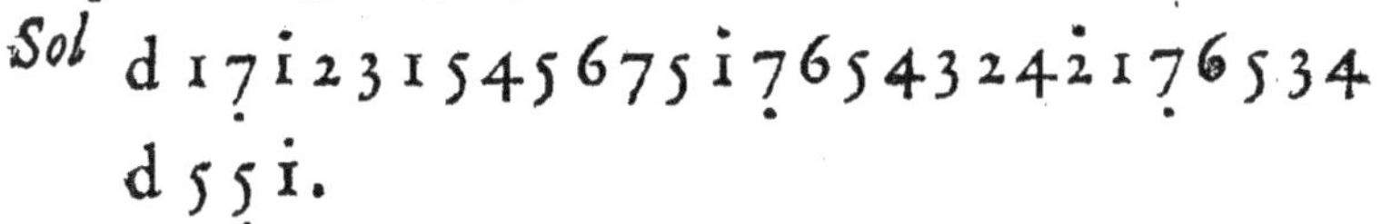

Sol d 1 $\underset{\cdot}{7}$ $\dot{1}$ 2 3 1 5 4 5 6 7 5 $\dot{1}$ $\underset{\cdot}{7}$ 6 5 4 3 2 4 $\dot{2}$ 1 $\underset{\cdot}{7}$ 6 5 3 4

d 5 $\underset{\cdot}{5}$ $\dot{1}$.

Et voici (V. Pl. Ex. 12.) le même éxemple noté suivant la premiére méthode.

Dans une longue suite de Chant, quoique les points vous conduisent toujours très-juste, ils ne vous font pourtant connoître l'octave où vous vous trouvez que rélativement à ce qui a précédé; c'est pourquoi, afin de sçavoir précisément l'endroit du clavier ou vous étes, il faudroit aller en remontant jusqu'à la lettre qui est au commencement de l'air, opération exacte, à la vérité, mais d'ailleurs un peu trop longue. Pour m'en dispenser, je mets au commencement de chaque ligne la lettre de l'octave où se trouve, non pas la première notte de cette ligne, mais la derniére de la ligne précédente, & cela afin que la régle des points n'ait pas d'exception.

EXEMPLE.

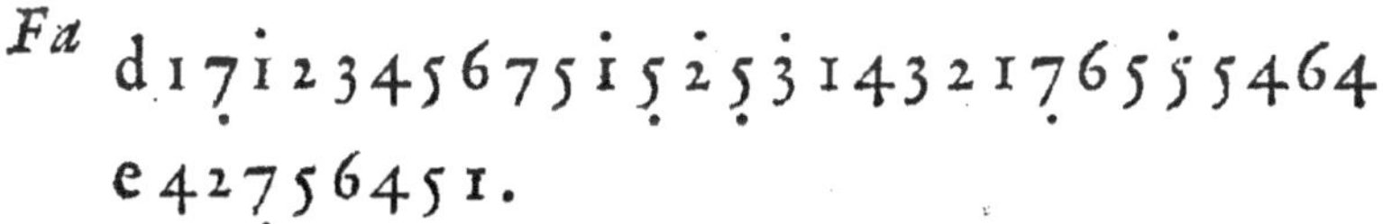

Fa d 1 $\underset{\cdot}{7}$ $\dot{1}$ 2 3 4 5 6 7 5 $\dot{1}$ $\underset{\cdot}{5}$ $\dot{2}$ $\underset{\cdot}{5}$ $\dot{3}$ 1 4 3 2 1 $\underset{\cdot}{7}$ 6 5 $\dot{5}$ 5 4 6 4

e 4 2 $\underset{\cdot}{7}$ 5 6 4 5 1.

L'*e* que j'ai mis au commencement de la seconde ligne marque que le *fa* qui finit la premiére est de la cinquiéme octave, de laquelle je sors pour rentrer dans la quatriéme *d* par le point que vous voyez au-dessous du *si* de cette seconde ligne.

Rien n'eſt plus aiſé que de trouver cette lettre correſpondante à la derniére notte d'une ligne, & en voici la méthode.

Comptez tous les points qui ſont au-deſſus des nottes de cette ligne : comptez auſſi ceux qui ſont au-deſſous, s'ils ſont égaux en nombre avec les premiers c'eſt une preuve que la derniére notte de la ligne eſt dans la même octave que la premiére & c'eſt le cas du premier exemple de la page précédente, où après avoir trouvé trois points deſſus & autant deſſous, vous concluez qu'ils ſe détruiſent les uns les autres, & que par conſéquent la derniére notte *fa* de la ligne eſt de la même octave *d* que la premiére notte *ut* de la même ligne, ce qui eſt toûjours vrai de quelque maniére que les points ſoient rangés pourvû qu'il y en ait autant deſſus que deſſous.

S'ils ne ſont pas égaux en nombre, prenez leur différence : comptez depuis la lettre qui eſt au commencement de la ligne & reculez d'autant de lettres vers l'*a* ſi l'excès eſt au-deſſous, ou s'il eſt au-deſſus, avancez au contraire d'autant de lettres dans l'Alphabet que cette différence contient d'unités, & vous aurez exactement la lettre correſpondante à la derniére notte.

EXEMPLE.

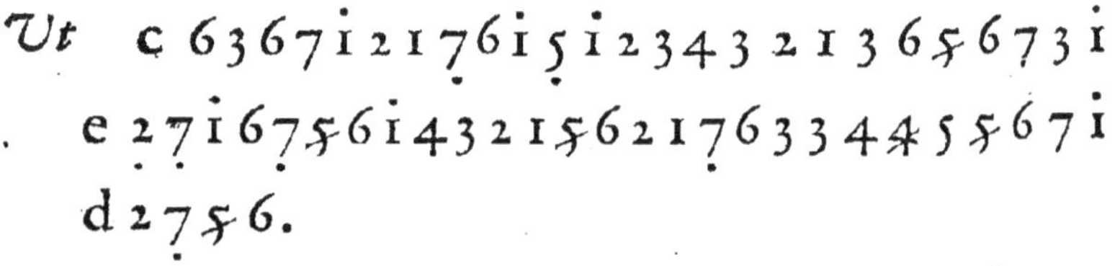

Ut c $6\,3\,6\,7\,\dot{1}\,2\,1\,\underset{\cdot}{7}\,6\,\dot{1}\,\underset{\cdot}{5}\,\dot{1}\,2\,3\,4\,3\,2\,1\,3\,6\,\not{5}\,6\,7\,3\,\dot{1}$

e $\underset{\cdot}{2}\,\underset{\cdot}{7}\,\dot{1}\,6\,\underset{\cdot}{7}\,\not{5}\,6\,\dot{1}\,4\,3\,2\,1\,\not{5}\,6\,2\,1\,\underset{\cdot}{7}\,6\,3\,3\,4\,\not{4}\,5\,\not{5}\,6\,7\,\dot{1}$

d $2\,\underset{\cdot}{7}\,\not{5}\,6$.

Dans la premiére ligne de cet exemple qui commence à l'étage *c* vous avez deux points au-deſſous & quatre au-deſſus, par conſéquent deux d'excès pour lesquels il faut ajouter à la lettre *c* autant de lettres suivant l'ordre de l'Alphabet, & vous aurez la lettre *e* correspondante à la derniére notte de la même ligne.

Dans la seconde ligne vous avez au contraire un point d'excès au-dessous, c'est-à-dire qu'il faut depuis la lettre *e* qui est au commencement de la ligne reculer d'une lettre vers l'*a* & vous aurez *d* pour la lettre correspondante à la derniére notte de la seconde ligne.

Il faut de même observer de mettre la lettre de l'octave après chaque premiére & derniére notte des reprises & des rondeaux, afin qu'en partant de là on sçache toujours sûrement si l'on doit monter ou descendre pour reprendre ou pour recommencer. Tout cela s'éclaircira mieux par l'exemple suivant dans lequel cette marque 𝄋 est un signe de reprise.

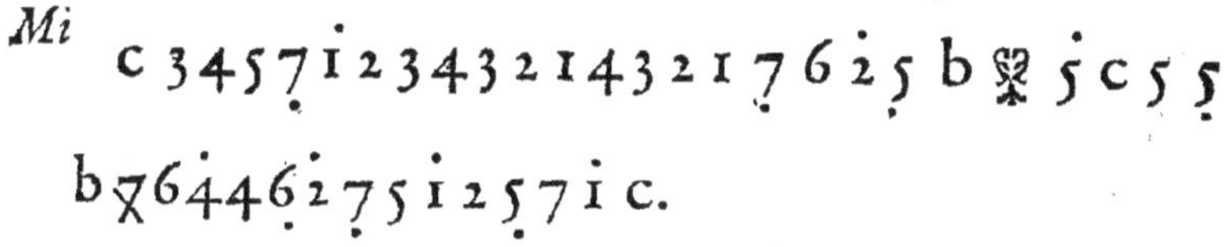

Mi c $3\,4\,5\,\underset{\cdot}{7}\,\dot{1}\,2\,3\,4\,3\,2\,1\,4\,3\,2\,1\,\underset{\cdot}{7}\,6\,\dot{2}\,\underset{\cdot}{5}$ b 𝄋 $\dot{5}$ c $5\,\underset{\cdot}{5}$

b $\dot{7}\,6\,4\,4\,\underset{\cdot}{\dot{6}}\,2\,\underset{\cdot}{7}\,5\,\dot{1}\,2\,\underset{\cdot}{5}\,7\,\dot{1}$ c.

La lettre b que vous voyez après la derniére notte de la premiére partie vous apprend qu'il faut monter d'une sixte pour revenir au *mi* du commencement puisqu'il est de l'octave supérieure *c*, & la lettre *c* que vous voyez également après la premiére & la derniére notte de la seconde partie vous apprend qu'elles sont toutes deux de la même octave, & qu'il faut par conséquent monter d'une quinte pour revenir de la finale à la reprise.

Ces observations sont fort simples & fort aisées à retenir. Il faut avoüer cependant que la méthode des points a quelques avantages de moins que celle de la poſition d'étages & étage que j'ai enſeignée la premiére & qui n'a jamais beſoin de toutes ces différences de lettres : l'une & l'autre ont pourtant leur commodité, & comme elles s'apprennent par les mêmes régles & qu'on peut les ſçavoir toutes deux enſemble avec la même facilité qu'on a pour en apprendre une ſéparément, on les pratiquera chacune dans les occaſions où elle paroîtra plus convenable. Par éxemple, rien ne ſera ſi commode que la méthode des points pour ajoûter l'air à des paroles déja écrites, pour notter des petits airs, des morceaux détachés, & ceux qu'on veut envoyer en Province & en général pour la Muſique vocale. D'un autre côté la méthode de poſition ſervira pour les partitions & les grandes piéces de Muſique, pour la Muſique inſtrumentale, & ſur-tout pour commencer les Ecoliers, par ce que la méchanique en eſt encore plus ſenſible que de l'autre maniére, & qu'en partant de celle-ci déja connue l'autre ſe connoît du premier inſtant. Les compoſiteurs s'en ſerviront auſſi par préférence à cauſe de la diſtinction oculaire des différentes octaves. Ils ſentiront en la pratiquant toute l'étendue de ſes avantages que j'oſe dire tels pour l'évidence de l'harmonie que quand ma méthode n'auroit nul cours dans la pratique, il n'eſt point de compoſiteur qui ne dût l'employer pour ſon uſage particulier & pour l'inſtruction de ſes éleves.

Voilà ce que j'avois à dire ſur la premiére partie de mon ſyſtême qui regarde l'expreſſion des ſons; paſſons à la ſeconde qui traite de leurs durées.

L'article dont je viens de parler n'eſt pas, à beaucoup près auſſi difficile que celui-ci, du moins dans la pratique qui n'admet qu'un certain nombre de

ſons

ſons dont les raports ſont fixés, & à peu près les mêmes dans tous les tons au lieu que les différences qu'on peut introduire dans leurs durées peuvent varier preſque à l'infini.

Il y a beaucoup d'apparence que l'établiſſement de la quantité dans la Muſique a d'abord été rélatif à celle du langage, c'eſt-à-dire qu'on faiſoit paſſer plus vîte les ſons par leſquels on exprimoit les ſillabes bréves & durer un peu plus long-temps ceux qu'on adaptoit aux longues. On pouſſa bientôt les choſes plus loin & l'on établit à l'imitation de la Poëſie une certaine régularité dans la durée des ſons par laquelle on les aſſujettiſſoit à des retours uniformes qu'on s'aviſa de meſurer par des mouvemens égaux de la main ou du pied, & d'où, à cauſe de cela ils prirent le nom de meſures. L'analogie eſt viſible à cet égard entre la Muſique & la Poëſie. Les vers ſont relatifs aux meſures, les pieds aux tems, & les ſillabes aux nottes. Ce n'eſt pas aſſurément donner dans des abſurdités que de trouver des raports auſſi naturels, pourvû qu'on n'aille pas, comme le P. Souhaitti, appliquer à l'une les ſignes de l'autre, & à cauſe de ce qu'elles ont de ſemblables, confondre ce qu'elles ont de différent.

Ce n'eſt pas ici le lieu d'examiner en Phyſicien d'où naît cette égalité merveilleuſe que nous éprouvons dans nos mouvemens quand nous battons la meſure; pas un tems qui paſſe l'autre; pas la moindre différence dans leur durée ſucceſſive ſans que nous ayons d'autre régle que notre oreille pour la déterminer: il y a lieu de conjecturer qu'un effet auſſi ſingulier part du même principe qui nous fait entonner naturellement toutes les conſonances. Quoiqu'il en ſoit, il eſt clair que nous avons un ſentiment ſur pour juger du raport des mouvemens, tout comme de celui des ſons, & des organes toujours prêts à exprimer les uns & les autres ſelon les mêmes raports, & il me ſuffit, pour ce que j'ai à dire, de remarquer le fait ſans en rechercher la cauſe.

Les Muſiciens font de grandes diſtinctions dans ces mouvemens, non ſeulement quand aux divers dégrès de viteſſe qu'ils peuvent avoir, mais auſſi quand au genre même de la meſure, & tout cela n'eſt qu'une ſuite du mauvais principe par lequel ils ont fixé les différentes durées des ſons : car pour trouver le raport des uns aux autres, il a fallu établir un terme de comparaiſon, & il leur a plû de choiſir pour ce terme une certaine quantité de durée qu'ils ont déterminée par une figure ronde; ils ont enſuite imaginé des nottes de pluſieurs autres figures dont la valeur eſt fixée par raport à cette ronde en proportion ſous-double. Cette diviſion ſeroit aſſez ſupportable, quoiqu'il s'en faille de beaucoup qu'elle n'ait l'univerſalité néceſſaire, ſi le terme de comparaiſon, c'eſt-à-dire, ſi la durée de la ronde étoit quelque choſe d'un peu moins vague : mais la ronde va tantôt plus vîte, tantôt plus lentement ſuivant le mouvement de la meſure où l'on l'employe, & l'on ne doit pas ſe flater de donner quelque choſe de plus précis en diſant qu'une ronde eſt toujours l'expreſſion de la durée d'une meſure à quatre, puiſqu'outre que la durée même de cette meſure n'a rien de déterminé, on voit communément en Italie des meſures à quatre & à deux contenir deux & quelquefois quatre rondes.

C'eſt pourtant ce qu'on ſuppoſe dans les chiffres des meſures doubles; le chiffre inférieur marque le nombre de nottes d'une certaine valeur contenues dans une mesure à quatre tems, & le chiffre supérieur marque combien il faut de ces mêmes nottes pour remplir une mesure de l'air que l'on va notter: mais pourquoi ce rapport de tant de différentes mésures à celle de quatre tems qui leur est si peu semblable, ou pourquoi ce raport de tant de différentes nottes à une ronde dont la durée est si peu déterminée?

On diroit que les inventeurs de la Musique ont pris à tâche de faire tout le contraire de ce qu'il falloit: d'un côté, ils ont négligé la distinction du son fondamental indiqué par la nature & si nécessaire pour servir de terme commun au raport de tous les autres, & de l'autre, ils ont voulu établir une durée absolue & fondamentale, sans pouvoir en déterminer la valeur.

Faut-il s'étonner si l'erreur du principe a tant causé de défauts dans les conséquences; défauts essentiels à la pratique & tout propres à retarder longtems les progrès des écoliers.

Les Musiciens reconnoissent au moins quatorze mesures différentes dont voici les signes. 2, 3, c, $\frac{3}{2}$, $\frac{2}{4}$, $\frac{3}{4}$, $\frac{6}{4}$, $\frac{9}{4}$, $\frac{12}{4}$, $\frac{3}{8}$, $\frac{6}{8}$, $\frac{9}{8}$, $\frac{12}{8}$, $\frac{3}{16}$, $\frac{6}{16}$.

Or si ces signes sont institués pour déterminer autant de mouvemens différens en espéce, il y en a beaucoup trop, & s'ils le sont, outre cela, pour exprimer les différens dégrés de vitesse de ces mouvemens, il n'y en a pas assez. D'ailleurs, pourquoi se tourmenter si fort pour établir des signes qui ne servent à rien, puisqu'indépendamment du genre de la mesure, on est presque toujours contraint d'ajouter un mot au commencement de l'air, qui détermine l'espéce & le dégré du mouvement.

Cependant, on ne ſçauroit conteſter que la diverſité de ces meſures ne brouille les commençans pendant un tems infini, & que tout cela ne naiſſe de la fantaiſie qu'on a de les vouloir raporter à la meſure à quatre tems, ou d'en vouloir raporter les nottes à la valeur de la ronde.

Donner aux mouvemens & aux nottes des raports entiérement étrangers à la meſure où l'on les employe, c'eſt proprement leur donner des valeurs abſolues en conſervant l'embarras des rélations; auſſi voit-on ſuivre de là des équivoques terribles qui ſont autant de piéges à la préciſion de la Muſique & au goût du Muſicien. En effet, n'eſt-il pas évident qu'en déterminant la durée des rondes, blanches, noires, croches &c. non par la qualité de la meſure où elles ſe rencontrent, mais par celle de la notte même, vous trouvez à tout moment la relation en oppoſition avec le ſens propre. De-là vient, par exemple, qu'une blanche dans une certaine meſure paſſera beaucoup plus vîte qu'une noire dans une autre, laquelle noire ne vaut cependant que la moitié de cette blanche, & de-là vient encore que les Muſiciens de Province trompés par ces faux raports donnent ſouvent aux airs des mouvemens tout différens de ce qu'ils doivent être, en s'attachant ſcrupuleuſement à cette fauſſe relation, tandis qu'il faudra quelquefois paſſer une meſure à trois tems ſimples plus vîte qu'une autre à trois huit, ce qui dépend du caprice des Compoſiteurs, & dont les Opera préſentent des exemples à chaque inſtant.

Il y auroit ſur ce point bien d'autres remarques à faire auxquelles je ne m'arrêterai pas. Quand on a imaginé, par exemple, la diviſion ſous-double des nottes telle qu'elle eſt établie, apparemment qu'on n'a pas prévu tous les cas, ou bien l'on n'a pu les embrasser tous dans une régle générale ; ainsi, quand il est question de faire la division d'une notte ou d'un tems en trois parties égales dans une mesure à deux, à trois, ou à quatre, il faut nécessairement que le Musicien le devine, ou bien qu'on l'en avertisse par un signe étranger qui fait exception à la régle.

C'est en examinant les progrès de la Musique que nous pourrons trouver le reméde à ces défauts. Il y a deux cens ans que cet Art étoit encore extrêmement grossier. Les rondes & les blanches étoient presque les seules nottes qui y fussent employées, & l'on ne regardoit une croche qu'avec frayeur. Une Musique aussi simple n'amenoit pas de grandes difficultés dans la pratique, & cela faisoit qu'on ne prenoit pas non plus grand soin pour lui donner de la précision dans les signes ; on négligeoit la séparation des mesures, & l'on se contentoit de les exprimer par la figure des nottes. A mesure que l'Art se perfectionna & que les difficultés augmentérent, on s'apperçut de l'embarras qu'il y avoit, dans une grande diversité de nottes, de faire la distinction des mesures, & l'on commença à les séparer par des lignes perpendiculaires ; on se mit ensuite à lier les croches pour faciliter les tems, & l'on s'en trouva si bien, que, depuis lors, les caractéres de la Musique sont toujours restés à peu près dans le même état.

Une partie des inconvéniens subsiste pourtant encore, la distinction des tems n'est pas toujours trop bien observée dans la Musique instrumentale, & n'a point lieu du tout dans le vocal : il arrive de-là qu'au milieu d'une grande mesure l'Ecolier ne sçait où il en est, sur-tout lorsqu'il trouve une quantité de croches & de doubles-croches détachées, dont il faut qu'il faſſe lui-même la diſtribution.

Une réflexion toute ſimple ſur l'uſage des lignes perpendiculaires pour la ſéparation des meſures, nous fournira un moyen aſſuré d'anéantir ces inconvéniens. Toutes les nottes qui ſont renfermées entre deux de ces lignes dont je viens de parler, font juſtement la valeur d'une meſure : qu'elles ſoient en grande ou petite quantité, cela n'intéreſſe en rien la durée de cette meſure qui eſt toujours la même; ſeulement ſe diviſe-t-elle en parties égales ou inégales, ſelon la valeur & le nombre des nottes qu'elle renferme : mais enfin ſans connoître préciſément le nombre de ces nottes ni la valeur de chacune d'elles, on ſçait certainement qu'elles forment toutes enſemble une durée égale à celle de la meſure où elles ſe trouvent.

Séparons les tems par des virgules comme nous ſéparons les meſures par des lignes, & raiſonnons ſur chacun de ces tems de la même maniére que nous raiſonnons ſur chaque meſure : nous aurons un principe univerſel pour la durée & la quantité des nottes, qui nous diſpenſera d'inventer de nouveaux ſignes pour la déterminer, & qui nous mettra à portée de diminuer de beaucoup le nombre des différentes meſures uſitées dans la Muſique, ſans rien ôter à la variété des mouvemens.

Quand une notte ſeule eſt renfermée entre les deux lignes d'une meſure, c'eſt un ſigne que cette notte remplit tous les tems de cette meſure & doit durer autant qu'elle : dans ce cas, la ſéparation des tems ſeroit inutile, on n'a qu'à ſoutenir le même ſon pendant toute la meſure. Quand la meſure eſt diviſée en autant de nottes égales qu'elle contient de tems, on pourroit encore se dispenser de les séparer, chaque notte marque un tems, & chaque tems est rempli par une notte; mais dans le cas que la mesure soit chargée de nottes d'inégales valeurs, alors il faut nécessairement pratiquer la séparation des tems par des virgules, & nous la pratiquerons même dans le cas précédent, pour conserver dans nos signes la plus parfaite uniformité.

Chaque tems compris entre deux virgules, ou entre une virgule & une ligne perpendiculaire, renferme une notte ou plusieurs. S'il ne contient qu'une notte, on conçoit qu'elle remplit tout ce tems-là, rien n'est si simple : s'il en renferme plusieurs, la chose n'est pas plus difficile; divisez ce tems en autant de parties égales qu'il comprend de nottes : appliquez chacune de ces parties à chacune de ces nottes, & passez-les de sorte que tous les tems soient égaux.

Exemple du premier cas.

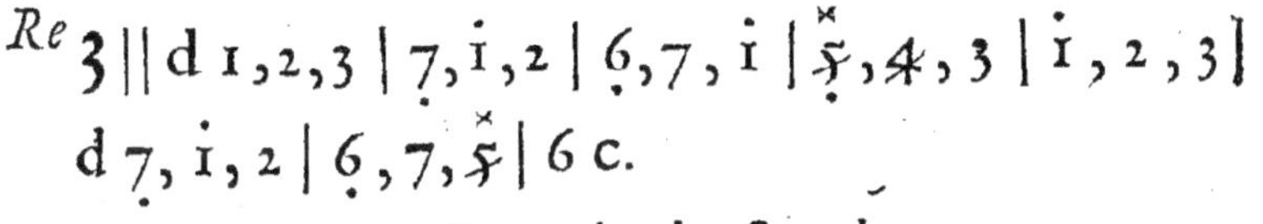

Re 3 || d 1, 2, 3 | 7, 1, 2 | 6, 7, 1 | 5, 4, 3 | 1, 2, 3 |
d 7, 1, 2 | 6, 7, 5 | 6 c.

Exemple du second.

Ut 2 || c 1 7, 1 2 | 3 2, 3 1 | 5 4, 5 6 | 7 6, 7 5 | 1 4, 5 5 | 1 6. c.

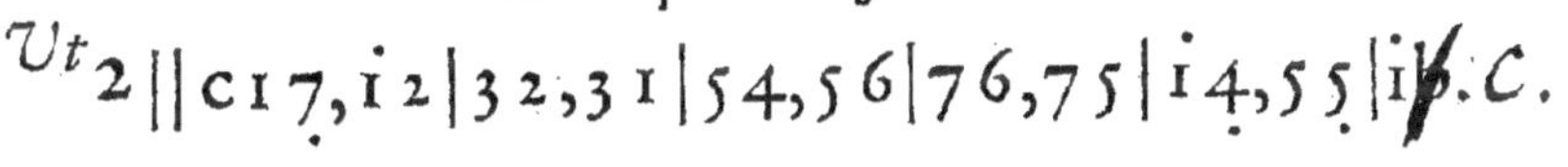

Exemple de tous les deux.

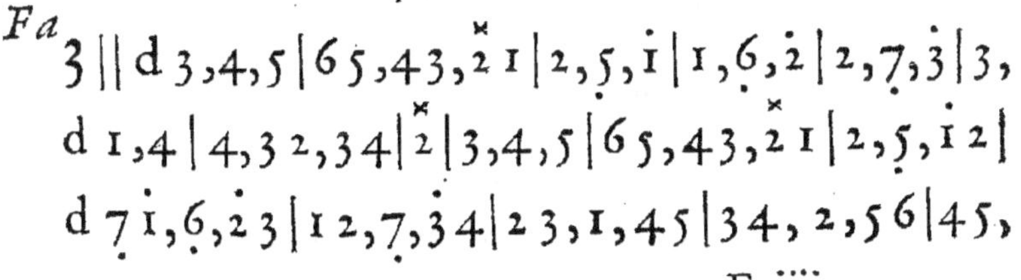

Fa 3 || d 3, 4, 5 | 6 5, 4 3, 2 1 | 2, 5, 1 | 1, 6, 2 | 2, 7, 3 | 3,
d 1, 4 | 4, 3 2, 3 4 | 2 | 3, 4, 5 | 6 5, 4 3, 2 1 | 2, 5, 1 2 |
d 7 1, 6, 2 3 | 1 2, 7, 3 4 | 2 3, 1, 4 5 | 3 4, 2, 5 6 | 4 5,

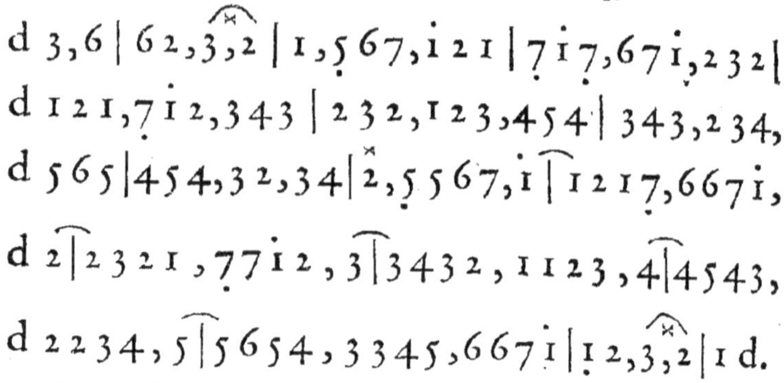

d 3,6 | 62,3,2 | 1,567,121 | 717,671,232 |

d 121,712,343 | 232,123,454 | 343,234,

d 565 | 454,32,34 | 2,5567,1 | 1217,6671,

d 2 | 2321,7712,3 | 3432,1123,4 | 4543,

d 2234,5 | 5654,3345,6671 | 12,3,2 | 1 d.

On voit dans les exemples précédens que je conſerve les cadences & les liaiſons comme dans la Muſique ordinaire, & que pour diſtinguer le chiffre qui marque la meſure d'avec ceux des nottes, j'ai ſoin de le faire plus grand & de l'en ſéparer par une double ligne perpendiculaire.

Avant que d'entrer dans un plus grand détail ſur cette méthode, remarquons d'abord combien elle ſimplifie la pratique de la meſure en anéantiſſant tout d'un coup toutes les meſures doubles : car, comme la diviſion des nottes eſt priſe uniquement dans la valeur des tems & de la meſure où elles ſe trouvent, il eſt évident que ces nottes n'ont plus beſoin d'être comparées à aucune valeur extérieure pour fixer la leur; ainſi la meſure étant uniquement déterminée par le nombre de ſes tems, on la peut très-bien réduire à deux eſpéces; ſçavoir, meſure à deux, & meſure à trois. A l'égard de la meſure à quatre, tout le monde convient qu'elle n'eſt que l'aſſemblage de deux meſures à deux tems : elle eſt traitée comme telle dans la compoſition, & l'on peut compter que ceux qui prétendroient lui trouver quelque propriété particuliére, s'en rapporteroient bien plus à leurs yeux qu'à leurs oreilles.

Que le nombre des tems d'une meſure naturelle, ſenſible & agréable à l'oreille, ſoit borné à trois, c'eſt un fait d'expérience que toutes les ſpéculations du monde ne détruiſent pas, on auroit beau chercher de ſubtiles analogies entre les tems de la meſure & les harmoniques d'un ſon, on trouveroit auſſitôt une ſixiéme conſonance dans l'harmonie, qu'un mouvement à cinq tems dans la meſure, & quelle qu'en puiſſe être la raiſon, il eſt inconteſtable que le plaiſir de l'oreille & même ſa ſenſibilité à la meſure ne s'étend pas plus loin.

Tenons nous en donc à ces deux genres de meſures, à deux & à trois tems : chacun des tems de l'une & de l'autre peuvent de même être partagés en deux ou en trois parties égales, & quelquefois en quatre, ſix, huit, &c. par des ſubdiviſions de celles-ci, mais jamais par d'autres nombres qui ne ſeroient pas multiples de deux ou de trois.

Or qu'une meſure ſoit à deux ou à trois tems, & que la diviſion de chacun de ſes tems ſoit en deux ou en trois parties égales, ma méthode eſt toujours générale, & exprime tout avec la même facilité. On l'a déja pû voir par le dernier éxemple precédent & l'on le verra encore par celui-ci, dans lequel chaque tems d'une meſure à deux, partagé en trois parties égales exprime le mouvement de ſix huit dans la Muſique ordinaire.

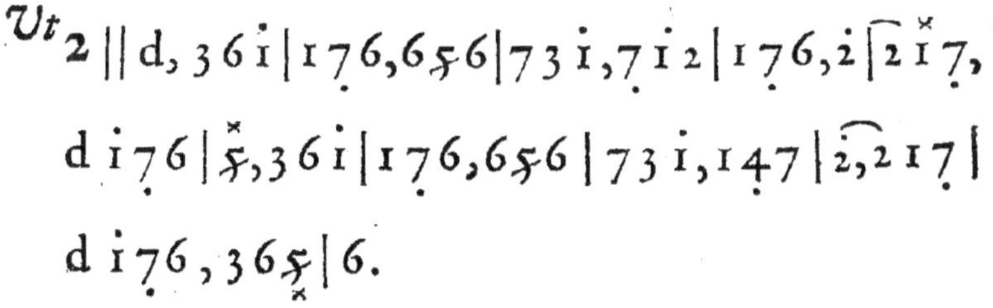

Ut 2 || d, 3 6 1 | 1 7 6, 6 5 6 | 7 3 1, 7 1 2 | 1 7 6, 2 | 2 1 7,

d 1 7 6 | 5, 3 6 1 | 1 7 6, 6 5 6 | 7 3 1, 1 4 7 | 2, 2 1 7 |

d 1 7 6, 3 6 5 | 6.

Les nottes dont deux égales rempliront un tems s'appelleront des demiſ , celles dont il en faudra trois des tiers, celles dont il en faudra quatre des quarts &c.

Mais lorſqu'un tems ſe trouve partagé de ſorte que toutes les nottes n'y ſont pas d'égale valeur : pour repréſenter, par exemple, dans un ſeul tems une noire & deux croches, je conſidére ce tems comme diviſé en deux parties égales dont la noire fait la premiére & les deux croches enſemble la ſeconde ; je les lie donc par une ligne droite que je place au-deſſus ou au-deſſous d'elles, & cette ligne marque que tout ce qu'elle embraſſe ne repréſente qu'une ſeule notte laquelle doit être ſubdiviſée enſuite en deux parties égales ou en trois ou en quatre ſuivant le nombre des chiffres qu'elle couvre.

EXEMPLE.

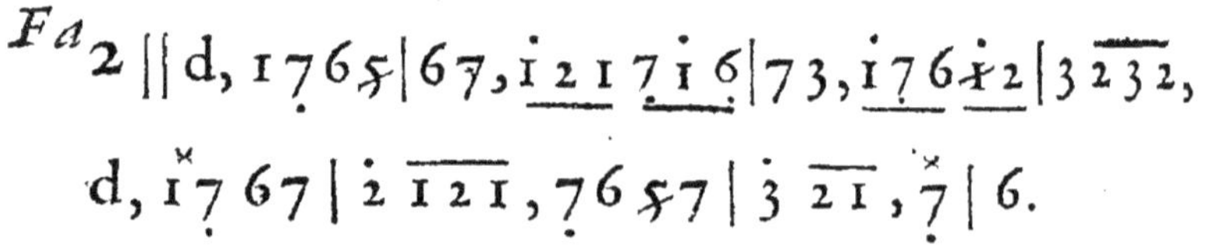

Fa 2 || d, 1765 | 67, 121 716 | 73, 176 12 | 3 232,

d, 1767 | 2 121, 7657 | 3 21, 7 | 6.

La virgule qui ſe trouve avant la premiére notte dans les deux exemples précédens, déſigne la fin du premier tems & marque que le Chant commence par le ſecond.

Quand il ſe trouve dans un même tems des ſubdiviſions d'inégalités, on peut alors ſe ſervir d'une ſeconde liaiſon : par exemple, pour exprimer un tems composé d'une noire, d'une croche, & de deux doubles croches on s'y prendroit ainſi.

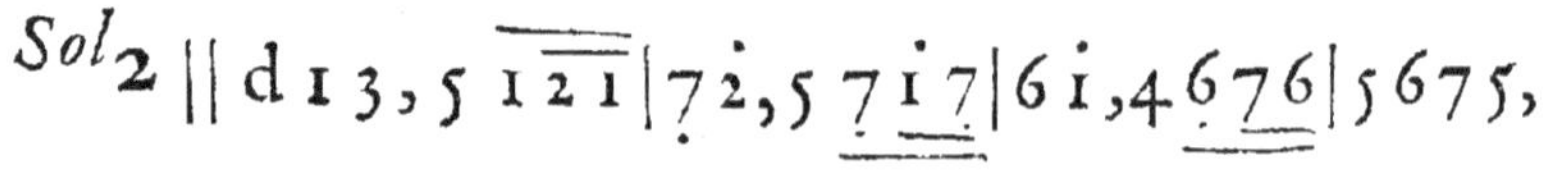

Sol 2 || d 13, 5 121 | 72, 5 717 | 61, 4 676 | 5675,

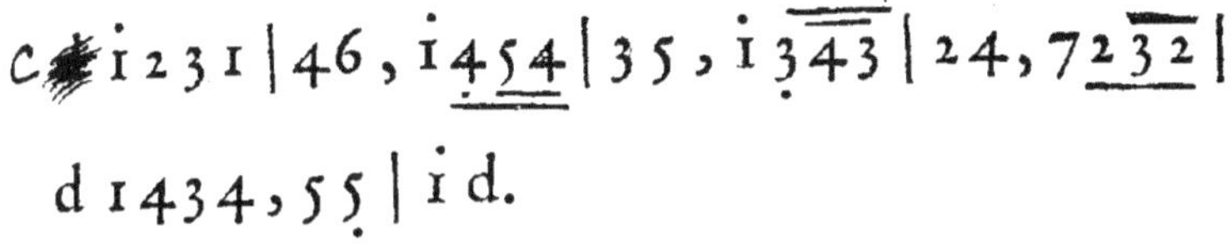

c✱ i 2 3 1 | 4 6 , i 4 5 4 | 3 5 , i 3 4 3 | 2 4 , 7 2 3 2 |

d 1 4 3 4 , 5 5 | i d.

Vous voyez-là que le ſecond tems de la premiére meſure contient deux parties égales, équivalentes à deux noires, ſçavoir le 5 pour l'une, & pour l'autre la ſomme des trois nottes 1 2 1 qui ſont ſous la grande liaiſon ; ces trois nottes ſont ſubdiviſées en deux autres parties égales, équivalentes à deux croches dont l'une eſt le premier 1, & l'autre les deux nottes 2 & 1 jointes par la ſeconde liaiſon leſquelles ſont ainſi chacune le quart de la valeur compriſe ſous la grande liaiſon & le huitiéme du tems entier.

En général; pour exprimer réguliérement la valeur des nottes, il faut s'attacher à la diviſion de chaque tems par parties égales, ce qu'on peut toujours faire par la méthode que je viens d'enſeigner en y ajoutant l'uſage du point dont je parlerai tout à l'heure, ſans qu'il ſoit poſſible d'être arrêté par aucune exception. Il ne ſera même jamais néceſſaire, quelque bizarre que puiſſe être une Muſique de mettre plus de deux liaiſon ſur aucune de ſes nottes ni d'en accompagner aucune de plus de deux points, à moins qu'on ne voulût imaginer dans de grandes inégalités de valeurs des quintuples & des ſextuples croches dont la rapidité comparée n'eſt nullement à la portée des voix ni des inſtrumens, & dont à peine trouveroit-on d'exemple dans la plus grande débauche de cerveau de nos compoſiteurs.

A l'égard des tenues & des ſyncopes, je puis comme dans la Muſique ordinaire les exprimer avec des nottes liées enſemble par une ligne courbe que nous appellerons liaiſon de tenue ou chapeau, pour la diſtinguer de la liaiſon de valeur dont je viens de parler & qui ſe marque par une ligne droite. Je puis auſſi employer le point au même uſage en lui donnant un ſens plus univerſel & bien plus commode que dans la Muſique ordinaire. Car au lieu de lui faire valoir toujours la moitié de la notte qui le précede, ce qui ne fait qu'un cas particulier, je lui donne de même qu'aux nottes une valeur déterminée uniquement par la place qu'il occupe, c'eſt-à-dire, que ſi le point remplit ſeul un tems ou une meſure, le ſon qui a précédé doit être auſſi ſoutenu pendant tout ce tems ou toute cette meſure, & ſi le point ſe trouve dans un tems avec d'autres nottes, il fait nombre auſſi bien qu'elles & doit être compté pour un tiers ou pour un quart ſuivant la quantité de nottes que renferme ce tems-là en y comprenant le point : en un mot, le point vaut autant, ou plus, ou moins, que la notte qui l'a précédé & dont il marque la tenue, ſuivant la place qu'il occupe dans le tems ou il eſt employé.

EXEMPLE.

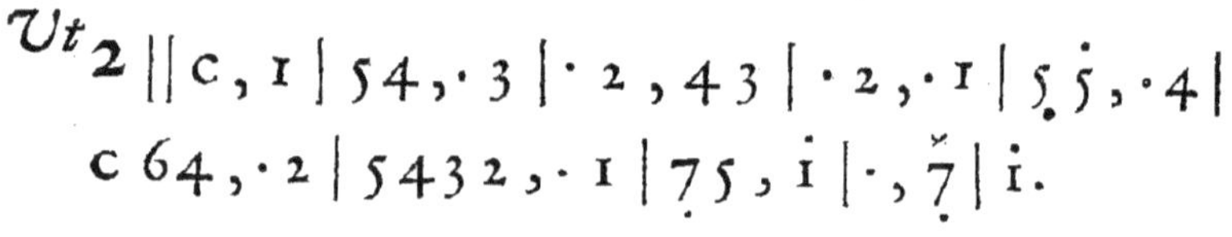

Ut 2 || c, 1 | 54, ·3 | ·2, 43 | ·2, ·1 | $\underset{\cdot}{5}\,\dot{5}$, ·4 |
c 64, ·2 | 5432, ·1 | $\underset{\cdot}{7}$5, $\dot{1}$ | ·, $\underset{\cdot}{\check{7}}$ | $\dot{1}$.

Au reſte; il n'eſt pas à craindre, comme on le voit par cet exemple, que ces points ſe confondent jamais avec ceux qui ſervent à changer d'octaves, ils en ſont trop bien diſtingués par leur poſition pour avoir beſoin de l'être par leur figure. C'eſt pourquoi j'ai négligé de le faire, évitant avec ſoin de me ſervir de ſignes extraordinaires qui diſtrairoient l'attention ſans exprimer rien de plus que la ſimplicité des miens.

A l'égard du dégré de mouvement, s'il n'eſt pas déterminé par les caractéres de ma méthode, il eſt aiſé d'y ſuppléer par un mot mis au commencement de l'air, & l'on peut d'autant moins tirer de là un argument contre mon ſyſtême que la Muſique ordinaire a beſoin du même ſecours; vous avez, par exemple, dans la meſure à trois tems ſimples cinq ou ſix mouvemens très différens les uns des autres, & tous exprimés par une noire à chaque tems; ce n'eſt donc pas la qualité des nottes qu'on employe qui ſert à déterminer le mouvement, & s'il ſe trouve des Maîtres négligens qui s'en fient ſur ce ſujet au caractére de leur Muſique & au goût de ceux qui la liront, leur confiance ſe trouve ſi ſouvent punie par les mauvais mouvemens qu'on donne à leurs airs, qu'ils doivent aſſez ſentir combien il eſt néceſſaire d'avoir à cet égard des indications plus préciſes que la qualité des nottes.

L'imperfection groſſiére de la Muſique ſur l'article dont nous parlons ſeroit ſenſible pour quiconque auroit des yeux: mais les Muſiciens ne la voyent point, & j'oſe prédire hardiment qu'ils ne verront jamais rien de tout ce qui pourroit tendre à corriger les défauts de leur Art. Elle n'avoit pas échappé à M. Sauveur, & il n'eſt pas néceſſaire de méditer ſur la Muſique autant qu'il l'avoit fait pour ſentir combien il ſeroit important de ne pas laiſſer aux mouvemens des différentes meſures une expreſſion ſi vague, & de n'en pas abandonner la détermination à des gouts ſouvent ſi mauvais.

Le ſyſtême ſingulier qu'il avoit propoſé, & en général tout ce qu'il a donné ſur l'Acouſtique, quoiqu'aſſez chimérique ſelon ſes vûes, ne laiſſoit pas de renfermer d'excellentes choſes qu'on auroit bien ſçû mettre à profit dans tout autre Art. Rien n'auroit été plus avantageux, par exemple, que l'usage de son Echométre général pour déterminer précisément la durée des mesures & des tems, & cela, par la pratique du monde la plus aisée, il n'auroit été question que de fixer sur une mesure connue la longueur du pendule simple qui auroit fait un tel nombre juste de vibrations pendant un tems, où une mesure d'un mouvement de telle espéce. Un seul chiffre mis au commencement d'un air auroit exprimé tout cela & par son moyen on auroit pû déterminer le mouvement avec autant de précision que l'Auteur même. Le pendule n'auroit été nécessaire que pour prendre une fois l'idée de chaque mouvement : après quoi, cette idée étant reveillée dans d'autres airs par les mêmes chiffres qui l'auroient fait naître, & par les airs mêmes qu'on y auroit déja chantés, une habitude assurée, acquise par une pratique aussi exacte auroit bientôt tenu lieu de régle, & rendu le pendule inutile.

Mais ces avantages mêmes qui devenoient de vrais inconvéniens par la facilité qu'ils auroient donnée aux commençans de se passer de Maîtres & de se former le goût par eux-mêmes, ont, peut-être, été cause que le projet n'a point été admis dans la pratique; il semble que si l'on proposoit de rendre l'Art plus difficile, il y auroit des raisons pour être plûtôt écouté.

Quoiqu'il en soit, en attendant que l'approbation du Public me mette en droit de m'étendre davantage sur les moyens qu'il y auroit à prendre pour faciliter l'intelligence des mouvemens de même que celle de bien d'autres parties de la Musique sur lesquelles j'ai des remarques à proposer, je puis me borner ici aux expressions de la méthode ordinaire, qui, par des mots mis au commencement de chaque air en indiquent assez bien le mouvement. Ces mots, bien choisis, doivent je crois dédommager & au de-là de ces doubles chiffres & de toutes ces différentes mesures qui malgré leur nombre laissent le mouvement indéterminé & n'apprennent rien aux écoliers; ainsi, en adoptant seulement le 2 & le 3 pour les signes de la mesure, j'ôte la confusion des caractéres sans altérer la variété de l'expression.

Revenons à notre projet. On sçait combien de figures étranges sont employées dans la Musique pour exprimer les silences; il y en a autant que de différentes valeurs, & par conséquent, autant que de figures différentes dans les nottes rélatives: on est même contraint de les employer à proportion en plus grande quantité, par ce qu'il n'a pas plû à leurs inventeurs d'admettre le point après les silences de la même maniére & au même usage qu'après les nottes & qu'ils ont mieux aimé multiplier des soupirs, des demi-soupirs, des quarts de soupir à la file les uns des autres que d'établir entre des signes rélatifs une analogie si naturelle.

Mais comme dans ma méthode il n'est point nécessaire de donner des figures particuliéres aux nottes pour en déterminer la valeur, on y est aussi dispensé de la même précaution pour les silences & un seul signe suffit pour les exprimer tous sans confusion & sans équivoque. Il paroît assez indifférent dans cette unité de figure de choisir tel caractére qu'on voudra pour l'employer à cet usage. Le zero a cependant quelque chose de si convenable à cet effet, tant par l'idée de privation qu'il porte communément avec lui, que par sa qualité de chiffre, & sur tout par la simplicité de sa figure, que j'ai cru devoir le préférer. Je l'employerai donc de la même maniére & dans le même ſens par raport à la valeur, que les nottes ordinaires, c'eſt-à-dire, que les chiffres 1, 2, 3, &c. & les régles que j'ai établies à l'égard des nottes étant toutes applicables à leurs ſilences rélatifs, il s'en ſuit que le zero par ſa ſeule poſition & par les points qui le peuvent ſuivre leſquels alors exprimeront des ſilences, ſuffit ſeul pour remplacer toutes les pauſes, ſoupirs, demi-ſoupirs, & autres ſignes bizarres & ſuperflus qui rempliſſent la Muſique ordinaire.

Exemple tiré des leçons de M. Monteclair.

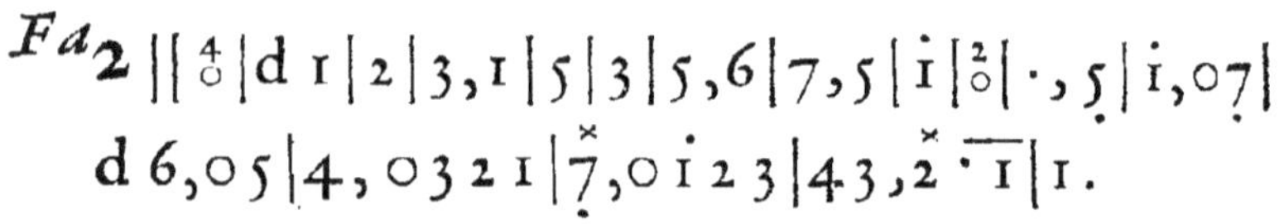

Fa **2** || $\overset{4}{0}$ | d 1 | 2 | 3, 1 | 5 | 3 | 5, 6 | 7, 5 | $\dot{1}$ | $\overset{2}{0}$ | ·, $\underset{\cdot}{5}$ | $\dot{1}$, 0 $\underset{\cdot}{7}$ |
d 6, 0 5 | 4, 0 3 2 1 | $\overset{\times}{\underset{\cdot}{7}}$, 0 $\dot{1}$ 2 3 | 4 3, $\overset{\times}{2}$ $\overline{\cdot\ 1}$ | 1.

Les chiffres 4 & 2 placés ici ſur des zero marquent le nombre de meſures que l'on doit paſſer en ſilence.

Tels ſont les principes généraux d'où découlent les régles pour toutes ſortes d'expreſſions imaginables ſans qu'il puiſſe naître à cet égard aucune difficulté qui n'ait été prévûe, & qui ne ſoit réſolue en conſéquence de quelqu'un de ces principes.

Je finirai par quelques obſervations qui naiſſent du paralléle des deux ſyſtêmes.

Les nottes de la Muſique ordinaire ſont elles plus ou moins avantageuſes que les chiffres qu'on leur ſubſtitue? C'eſt proprement le fond de la queſtion.

Il eſt clair, d'abord, que les nottes varient plus par leur ſeule poſition que mes chiffres par leur figure & par leur poſition tout enſemble; qu'outre cela, il y en a de ſept figures différentes, autant que j'admets de chiffre pour les exprimer; que les nottes n'ont de ſignification & de force que par le ſecours de la Clé;

&

& que les variations des Clés donnent un grand nombre de ſens tout différens aux nottes poſées de la même maniére.

Il n'eſt pas moins évident que les raports des nottes & les intervalles de l'une à l'autre n'ont rien dans leur expreſſion par la Muſique ordinaire qui en indique le genre, & qu'ils ſont exprimés par des poſitions difficiles à retenir & dont la connoiſſance dépend uniquement de l'habitude & d'une très-longue habitude: car quelle priſe peut avoir l'eſprit pour ſaiſir juſte & du premier coup d'œil un intervalle de ſixte, de neuviéme, de dixiéme dans la Muſique ordinaire, à moins que la coutume n'ait familiariſé les yeux à lire tout d'un coup ces intervalles?

N'eſt-ce pas un défaut terrible dans la Muſique de ne pouvoir rien conſerver, dans l'expreſſion des octaves, de l'analogie qu'elles ont entre elles? Les octaves ne ſont que les repliques des mêmes ſons, cependant ces repliques ſe préſentent ſous des expreſſions abſolument différentes de celles de leur premier terme. Tout eſt brouillé dans la poſition à la diſtance d'une ſeule octave; la replique d'une notte qui étoit ſur une ligne ſe trouve dans un eſpace, celle qui étoit dans l'eſpace a ſa replique ſur une ligne; montez vous ou deſcendez-vous de deux octaves? Autre différence toute contraire à la premiére: alors les repliques ſont placées ſur des lignes ou dans des eſpaces comme leurs premiers termes: ainſi la difficulté augmente en changeant d'objet, & l'on n'eſt jamais aſſuré de connoître au juſte l'eſpéce d'un intervalle traverſé par un ſi grand nombre de lignes; de ſorte qu'il faut ſe faire d'octave en octave des régles particuliéres qui ne finiſſent point, & qui ſont de l'étude des intervalles, le terme effrayant & très-rarement atteint de la ſcience du Muſicien.

De là cet autre défaut preſque auſſi nuiſible, de ne pouvoir diſtinguer l'intervalle ſimple dans l'intervalle redoublé ; vous voyez une notte poſée entre la premiére & la ſeconde ligne, & une autre notte poſée ſur la ſeptiéme ligne, pour connoître leur intervalle vous décontez de l'une à l'autre, & après une longue & ennuyeuſe opération vous trouvez une douziéme ; or comme on voit aiſément qu'elle paſſe l'octave, il faut recommencer une ſeconde recherche pour s'aſſurer enfin que c'eſt une quinte redoublée, encore pour déterminer l'eſpéce de cette quinte faut-il bien faire attention aux ſignes de la Clé, qui peuvent la rendre juſte ou fauſſe ſuivant leur nombre & leur poſition.

Je ſçais que les Muſiciens ſe font communément des régles plus abrégées pour ſe faciliter l'habitude & la connoiſſance des intervalles : mais ces régles mêmes prouvent le défaut des ſignes en ce qu'il faut toujours compter les lignes des yeux & en ce qu'on eſt contraint de fixer ſon imagination d'octave en octave pour ſauter de là à l'intervalle ſuivant, ce qui s'appelle ſuppléer de génie au vice de l'expreſſion.

D'ailleurs, quand à force de pratique on viendroit à bout de lire aiſément tous les genres d'intervalles ; de quoi vous ſervira cette connoiſſance tant que vous n'aurez point de régle aſſurée pour en diſtinguer l'eſpéce ? Les tierces & les ſixtes majeures & mineures, les quintes & les quartes diminuées & ſuperflues, & en général tous les intervalles de même nom, juſtes ou altérés ſont exprimés par la même poſition indépendamment de leur qualité, ce qui fait que ſuivant les différentes ſituations des deux demi-tons de l'octave qui changent de place à chaque ton & à chaque Clé, les intervalles changent auſſi de qualité ſans changer de nom ni de poſition, de là l'incertitude ſur l'intonation & l'inutilité de l'habitude dans les cas où elle ſeroit la plus néceſſaire.

La méthode qu'on a adoptée pour les inſtrumens eſt viſiblement une dépendance de ces défauts, & le raport direct qu'il a fallu établir entre les touches de l'inſtrument & la poſition des nottes, n'eſt qu'un méchant pis aller pour ſuppléer à la ſcience des intervalles & des *relations toniques*, ſans laquelle on ne ſçauroit jamais être qu'un mauvais Muſicien.

Quelle doit être la grande attention du Muſicien dans l'exécution? C'eſt ſans doute d'entrer dans l'eſprit du Compoſiteur, & de s'approprier ſes idées pour les rendre avec toute la fidélité qu'exige le goût de la Piéce. Or l'idée du Compoſiteur dans le choix des ſons eſt toujours relative à la tonique, & par exemple, il n'employera point le *fa* diéſe comme une telle touche du clavier, mais comme faiſant un tel accord ou un tel intervalle avec ſa fondamentale. Je dis donc que ſi le Muſicien conſidére les ſons par les mêmes raports, il fera ſes mêmes intervalles plus exacts & exécutera avec plus de juſteſſe qu'en rendant ſeulement des ſons les uns après les autres, ſans liaiſon & ſans dépendance que celle de la poſition des nottes qui ſont devant ſes yeux, & de ces foules de diéſes & de bémols qu'il faut qu'il ait inceſſamment préſens à l'eſprit; bien entendu qu'il obſervera toujours les modifications particuliéres à chaque ton, qui ſont, comme je l'ai déja dit, l'effet du tempéramment, & dont la connoiſſance pratique, indépendante de tout ſyſtême, ne peut s'acquérir que par l'oreille & par l'habitude.

Quand on prend une fois un mauvais principe, on s'enfile d'inconvéniens en inconvéniens, & ſouvent on voit évanouir les avantages mêmes qu'on s'étoit propoſés. C'eſt ce qui arrive dans la pratique de la Muſique inſtrumentale ; les difficultés s'y préſentent en foule. La quantité de poſitions différentes, de diéſes, de bémols, de changemens de Clés, y ſont des obſtacles éternels au progrès des Muſiciens ; & après tout cela, il ſaut encore perdre, la moitié du tems, cet avantage ſi vanté du raport direct de la touche à la notte, puiſqu'il arrive cent fois par la force des ſignes d'altération ſimples ou redoublés, que les mêmes nottes deviennent relatives à des touches toutes différentes de ce qu'elles repréſentent, comme on l'a pu remarquer ci-devant.

Voulez-vous pour la commodité des voix tranſpoſer la piéce un demi-ton ou un ton plus haut ou plus bas : Voulez-vous préſenter à ce Symphoniſte de la Muſique nottée ſur une Clé étrangére à ſon inſtrument ? Le voila embarraſſé, & ſouvent, arrêté tout court ſi la Muſique eſt un peu travaillée. Je crois, à la vérité, que les grands Muſiciens ne ſeront pas dans le cas ; mais je crois auſſi que les grands Muſiciens ne le ſont pas devenus ſans peine, & c'eſt cette peine qu'il s'agit d'abréger. Parce qu'il ne ſera pas tout-à-fait impoſſible d'arriver à la perfection par la route ordinaire, s'enſuit-il qu'il n'en ſoit point de plus facile ?

Suppoſons que je veuille tranſpoſer & exécuter en *B fa ſi* une Piéce nottée en *C ſol ut* à la Clé de *ſol* ſur la premiére ligne : voici tout ce que j'ai à faire ; je quitte l'idée de la Clé de *ſol*, & je lui ſubſtituë celle de la Clé d'*ut* ſur la troiſiéme ligne : enſuite j'y ajoute les idées des cinq diéſes poſés, le premier ſur le *fa*, le ſecond ſur l'*ut*, le troiſiéme ſur le *ſol*, le quatriéme ſur le *re*, & le cinquiéme ſur le *la*; à tout cela je joins enfin l'idée d'une octave au-deſſus de cette Clé d'*ut*, & il faut que je retienne continuellement toute cette complication d'idées pour l'appliquer à chaque notte, ſans quoi me voilà à tout inſtant hors de ton. Qu'on juge de la facilité de tout cela.

Les chiffres employés de la maniére que je le propoſe produiſent des effets abſolument differens. Leur force eſt en eux-mêmes & indépendante de tout autre ſigne. Leurs raports ſont connus par la ſeule inſpection, & ſans que l'habitude ait à y entrer pour rien; l'intervalle ſimple eſt toujours évident dans l'intervalle redoublé: une leçon d'un quart d'heure doit mettre toute perſonne en état de ſolfier, ou du moins de nommer les nottes dans quelque Muſique qu'on lui préſente; un autre quart d'heure ſuffit pour lui apprendre à nommer de même & ſans héſiter tout intervalle poſſible, ce qui dépend, comme je l'ai déja dit, de la connoiſſance diſtincte de trois intervalles, de leurs renverſemens, & réciproquement du renverſement de ceux-ci qui revient aux premiers. Or il me ſemble que l'habitude doit ſe former bien plus aiſément quand l'eſprit en a fait la moitié de l'ouvrage, & qu'il n'a lui-même plus rien à faire.

Non-ſeulement les intervalles ſont connus par leurs genres dans mon ſyſtême, mais ils le ſont encore par leur eſpéce. Les tierces & les ſixtes ſont majeures ou mineures, vous en faites la diſtinction ſans pouvoir vous y tromper; rien n'eſt ſi aiſé que de ſçavoir une fois que l'intervalle 24 eſt une tierce mineure, l'intervalle 2̣4 une ſixte majeure, l'intervalle 3̇1 une ſixte mineure, l'intervalle 31 une tierce majeure, &c. les quartes & les tierces, les ſecondes, les quintes & les ſeptiémes, juſtes, diminuées, ou ſuperflues, ne coûtent pas plus à connoître; les ſignes accidentels embarraſſent encore moins, & l'intervalle naturel étant connu, il eſt ſi facile de déterminer ce même intervalle altéré par un diéſe ou par un bémol, par l'un & l'autre tout à la fois, ou par deux d'une même eſpéce, que ce ſeroit prolonger le diſcours inutilement que d'entrer dans ce détail.

Appliquez ma méthode aux inſtrumens, les avantages en ſeront frapans. Il n'eſt queſtion que d'apprendre à former les ſept ſons de la gamme naturelle & leurs différentes octaves ſur un *ut* fondamental pris ſucceſſivement ſur les douze cordes * de l'échelle; ou plûtôt, il n'eſt queſtion que de ſçavoir ſur un ſon donné trouver une quinte, une quarte, une tierce majeure, &c. & les octaves de tout cela, c'eſt-à-dire, de poſſéder les connoiſſances qui doivent être le moins ignorées des Muſiciens dans quelque ſyſtême que ce ſoit. Après ces préliminaires ſi faciles à acquerir, & ſi propres à former l'oreille, quelques mois donnés à l'habitude de la meſure mettent tout d'un coup l'écolier en état d'éxécuter à livre ouvert: mais d'une exécution incomparablement plus intelligente & plus ſure que celle de nos Symphoniſtes ordinaires Toutes les Clés lui ſeront également familiéres; tous

* Je dis, les douze cordes, pour n'omettre aucune des difficultés poſſibles, puiſqu'on pourroit ſe contenter des ſept cordes naturelles, & qu'il eſt rare qu'on établiſſe la fondamentale d'un ton ſur un des cinq ſons altérés, excepté, peut-être, le *ſi* bémol. Il eſt vrai qu'on y parvient aſſez fréquemment par la ſuite de la modulation: mais alors, quoiqu'on ait changé de ton, la même fondamentale ſubſiſte toujours, & le changement eſt amené par des altérations particuliéres.

les tons auront pour lui la même facilité, & s'il s'y trouve quelque différence, elle ne dépendra jamais que de la difficulté particuliére de l'instrument, & non d'une confusion de diéses, de bémols, & de positions différentes si facheuses pour les commençans.

Ajoutez à cela une connoissance parfaite des tons & de toute la modulation, suite nécessaire des principes de ma méthode; & sur-tout l'universalité des signes qui rend avec les mêmes nottes les mêmes airs dans tous les tons par le changement d'un seul caractére; d'où résulte une facilité de transposer un air en tout autre ton, égale à celle de l'éxécuter dans celui où il est notté; voilà ce que sçaura en très peu de tems un Symphoniste formé par ma méthode. Toute jeune personne avec les talens & les dispositions ordinaires & qui ne connoîtroit pas une notte de Musique, doit, conduite par ma méthode, être en état d'accompagner du Clavecin à livre ouvert toute Musique qui ne passera pas en difficulté celle de nos Opera, au bout de huit mois, & au bout de dix de celle de nos Cantates.

Or si dans un si court espace on peut enseigner à la fois assez de Musique & d'accompagnement pour exécuter à livre ouvert, à plus forte raison un Maître de Flute ou de Violon qui n'aura que la notte à joindre à la pratique de l'instrument, pourra-t-il former un Eléve dans le même tems par les mêmes principes.

Je ne dis rien du Chant en particulier, par ce qu'il ne me paroît pas possible de disputer la supériorité de mon systême à cet égard, & que j'ai sur ce point des exemples à donner plus forts & plus convaincans que tous les raisonnemens.

Après tous les avantages dont je viens de parler, il est permis de compter pour quelque chose le peu de volume qu'occupent mes caractéres comparé à la diffusion de l'autre Musique, & la facilité de notter sans tout cet embarras de papier rayé, où les cinq lignes de la portée ne suffisant presque jamais, il en faut ajouter d'autres à tout moment qui se rencontrent quelque fois avec les portées voisines ou se mêlent avec les paroles & causent une confusion à laquelle ma Musique ne sera jamais exposée. Sans vouloir en établir le prix sur cet avantage, il ne laisse pas cependant d'avoir une influence à meriter de l'attention ; combien sera-t-il commode d'entretenir des correspondances de Musique sans augmenter le volume des lettres? Quel embarras n'évitera-t-on point dans les Symphonies & dans les partitions de tourner la feuille à tout moment? Et quelle ressource d'amusement n'aura-t-on pas de pouvoir porter sur soi des livres & des recueils de Musique comme on en porte de belles lettres sans se surcharger par un poids ou par un volume embarrassant, & d'avoir, par exemple, à l'Opera un extraît de la Musique joint aux paroles, presque sans augmenter le prix ni la grosseur du livre? Ces considérations ne sont pas, je l'avoue, d'une grande importance, aussi ne les donné-je que comme des accessoires ; ce n'est, au reste, qu'un tissu de semblables bagatelles qui fait les agrémens de la vie humaine, & rien ne seroit si misérable qu'elle, si l'on n'avoit jamais fait d'attention aux petits objets.

Je finirai mes remarques sur cet article en concluant qu'ayant retranché tout d'un coup par mes caractéres les soixante & dix combinaisons que la différente position des Clés & des accidens produit dans la Musique ordinaire; ayant établi un signe invariable & constant pour chaque son de l'octave dans tous les tons ; ayant établi de même une position très-simple pour les différentes octaves, ayant fixé toute l'expression des sons par les intervalles propres au ton où l'on est; ayant conservé aux yeux la facilité de découvrir du premier regard si les sons montent ou descendent; ayant fixé le dégré de ce progrès avec une évidence que n'a point la Musique ordinaire; & enfin ayant abrégé de plus des trois quarts, & le tems qu'il faut pour apprendre à solfier, & le volume des nottes, il reste démontré que mes caractéres sont préférables à ceux de la Musique ordinaire.

Une seconde question qui n'est guéres moins intéressante que la premiére, est de sçavoir si la division des tems que je substitue à celles des nottes qui les remplissent, est un principe général plus simple & plus avantageux que toutes ces différences de noms & de figures qu'on est contraint d'appliquer aux nottes, conformément à la durée qu'on leur veut donner.

Un moyen sûr pour décider cela, seroit d'examiner *à priori* si la valeur des nottes est faite pour régler la longueur des tems, ou si ce n'est point, au contraire, par les tems mêmes de la mesure que la durée des nottes doit être fixée. Dans le premier cas, la méthode ordinaire seroit incontestablement la meilleure, à moins qu'on ne regardât le retranchement de tant de figures comme une compensation suffisante d'une erreur de principe d'où résulteroient de meilleurs effets. Mais dans le second cas, si je rétablis également la cause & l'effet pris jusqu'ici l'un pour l'autre & que par-là, je simplifie les régles & j'abrége la pratique, j'ai lieu d'espérer que cette partie de mon systême, dans la quelle, au reste, on ne m'accusera d'avoir copié personne, ne paroîtra pas moins avantageuse que la précédente.

Je renvoye à l'ouvrage dont j'ai déja parlé, bien

des détails que je n'ai pû placer dans celui-ci. On y trouvera, outre la nouvelle méthode d'accompagnement dont j'ai parlé dans la Préface, un moyen de reconnoître au premier coup d'œil les longues tirades de nottes en montant ou en descendant afin de n'avoir besoin de faire attention qu'à la premiére & à la derniére; l'expression de certaines mesures syncopées qui se trouvent quelquefois dans les mouvemens vifs à trois tems; une table de tous les mots propres à exprimer les différens dégrés du mouvement; le moyen de trouver d'abord la plus haute & la plus basse notte d'un air & de préluder en conséquence; enfin, d'autres régles particuliéres qui toutes ne sont toujours que des développemens des principes que j'ai proposés ici; & sur-tout, un systême de conduite pour les Maîtres qui enseigneront à chanter & à jouer des instrumens, bien different dans la méthode, & j'espere dans le progrès de celui dont on se sert aujourd'hui.

Si donc aux avantages généraux de mon systême, si à tous ces retranchemens de signes & de combinaisons, si au développement précis de la théorie, on ajoute les utilités que ma méthode présente pour la pratique; ces embarras de lignes & de portées tous supprimés, la Musique rendue si courte à apprendre, si facile à notter, occupant si peu de volume, exigeant moins de frais pour l'impression, & par conséquent, coutant moins à acquerir; une correspondance plus parfaite établie entre les differentes parties sans que les sauts d'une Clé à l'autre soient plus difficiles que les mêmes intervalles pris sur la même Clé; les accords & le progrès de l'harmonie offerts avec une évidence à laquelle les yeux ne peuvent se refuser; le ton nettement déterminé; toute la suite de la modulation exprimée, & le chemin que l'on a suivi, & le point où l'on est arrivé, & la distance où l'on est du ton principal; mais sur-tout l'extrême simplicité des principes jointe à la facilité des régles qui en découlent; peut-être trouvera-t-on dans tout cela de quoi justifier la confiance avec laquelle j'ose présenter ce projet au Public.

AVERTISSEMENT.

LES caractéres qu'on fait graver n'étant pas encore prêts, on a mieux aimé donner les exemples suivans nottés par la seule méthode des points, que de différer cette édition. On ne tardera pas à voir de la Musique imprimée de l'autre maniére, & c'est alors seulement qu'on pourra bien juger de ses avantages. Au reste ayant trouvé plus de commodité à mettre la notte au-dessous des paroles, je n'ai pas cru devoir m'en faire un scrupule, après avoir osé secouer le joug de l'habitude en des points plus importans.

On voit par la lecture de cet Ouvrage quelle impression désavantageuse j'avois prise des Musiciens dans les Provinces où j'ai vécu. Le séjour de Paris m'a appris à leur rendre plus de justice, & je sçais qu'il en est plusieurs, non-seulement assez éclairés pour porter les jugemens les plus judicieux, mais encore assez complaisans pour me communiquer leurs lumiéres. C'est de quoi je les prie tous en général, en les assurant de ma reconnoissance, & de ma docilité à en profiter. Je suis faché de n'être pas à tems de corriger les feuilles de mon Ouvrage; j'espére, du moins, que le Public reconnoîtra par la façon même dont ces Messieurs le recevront, combien ils sont au-dessus de l'opinion injuste que j'avois conçue d'eux.

MENUET DE DARDANUS.

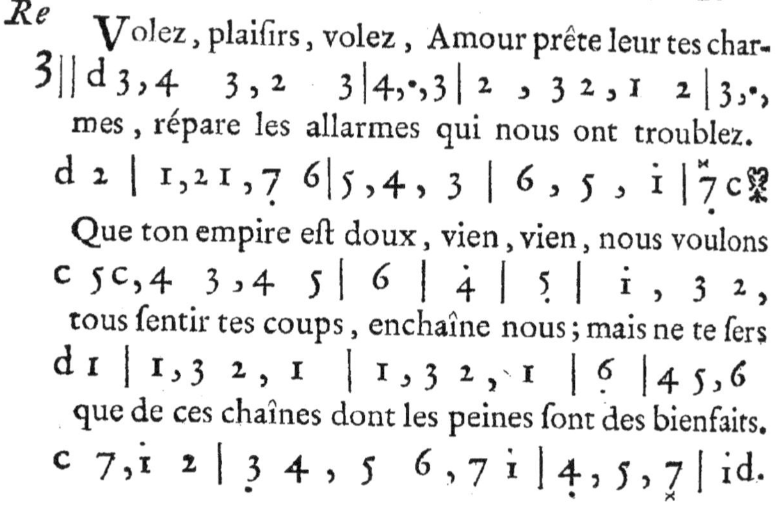

Re

Volez, plaisirs, volez, Amour prête leur tes char-

3|| d 3, 4 3, 2 3 | 4, ·, 3 | 2, 3 2, 1 2 | 3, ·,

mes, répare les allarmes qui nous ont troublez.

d 2 | 1, 2 1, 7 6 | 5, 4, 3 | 6, 5, i | 7 c

Que ton empire est doux, vien, vien, nous voulons

c 5 c, 4 3, 4 5 | 6 | 4 | 5 | i, 3 2,

tous sentir tes coups, enchaîne nous; mais ne te sers

d 1 | 1, 3 2, 1 | 1, 3 2, 1 | 6 | 4 5, 6

que de ces chaînes dont les peines sont des bienfaits.

c 7, i 2 | 3 4, 5 6, 7 i | 4, 5, 7 | id.

CARILLON MILANOIS EN TRIO.

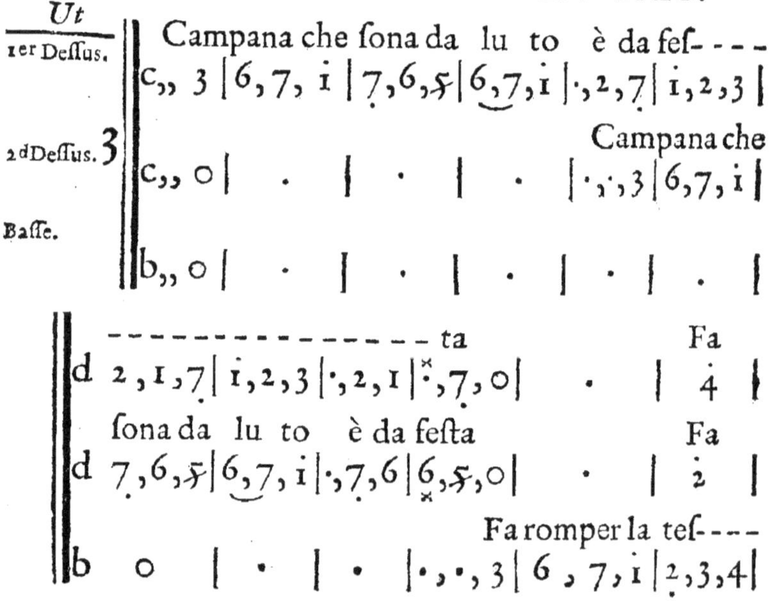

Ut

1er Dessus. Campana che sona da lu to è da fes- - - -

3 c,, 3 | 6, 7, i | 7, 6, 5 | 6, 7, i | ·, 2, 7 | i, 2, 3 |

2d Dessus. Campana che

c,, 0 | · | · | · | ·, ·, 3 | 6, 7, i |

Basse.

b,, 0 | · | · | · | · | · |

- - - - - - - - - - - - - - - ta Fa

d 2, 1, 7 | i, 2, 3 | ·, 2, 1 | ·, 7, 0 | · | 4 |

sona da lu to è da festa Fa

d 7, 6, 5 | 6, 7, i | ·, 7, 6 | 6, 5, 0 | · | 2 |

Fa romper la tes- - - -

b 0 | · | · | ·, ·, 3 | 6, 7, i | 2, 3, 4 |

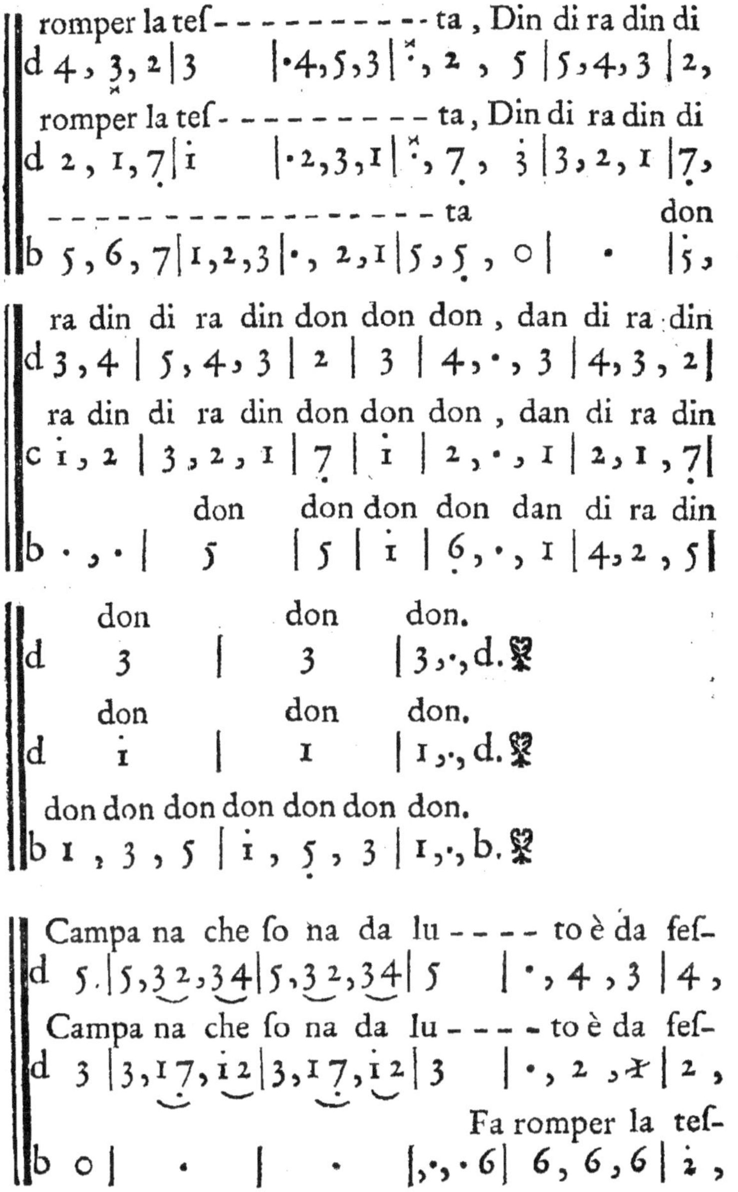

romper la tef- - - - - - - - - - - ta , Din di ra din di
d 4 , 3 , 2 | 3 | ·4 , 5 , 3 | : , 2 , 5 | 5 , 4 , 3 | 2 ,
romper la tef- - - - - - - - - - - ta , Din di ra din di
d 2 , 1 , 7 | i | ·2 , 3 , 1 | : , 7 , 3 | 3 , 2 , 1 | 7 ,
- ta don
b 5 , 6 , 7 | 1 , 2 , 3 | · , 2 , 1 | 5 , 5 , 0 | · | 5 ,

ra din di ra din don don don , dan di ra din
d 3 , 4 | 5 , 4 , 3 | 2 | 3 | 4 , · , 3 | 4 , 3 , 2 |
ra din di ra din don don don , dan di ra din
c 1 , 2 | 3 , 2 , 1 | 7 | i | 2 , · , 1 | 2 , 1 , 7 |
don don don don dan di ra din
b · , · | 5 | 5 | i | 6 , · , 1 | 4 , 2 , 5 |

don don don.
d 3 | 3 | 3 , · , d.
don don don.
d i | 1 | 1 , · , d.
don don don don don don don.
b 1 , 3 , 5 | i , 5 , 3 | 1 , · , b.

Campa na che fo na da lu - - - - to è da ref-
d 5. | 5 , 3 2 , 3 4 | 5 , 3 2 , 3 4 | 5 | · , 4 , 3 | 4 ,
Campa na che fo na da lu - - - - to è da ref-
d 3 | 3 , 1 7 , i 2 | 3 , 1 7 , i 2 | 3 | · , 2 , 1 | 2 ,
Fa romper la tef-
b 0 | · | · | , · , · 6 | 6 , 6 , 6 | 2 ,

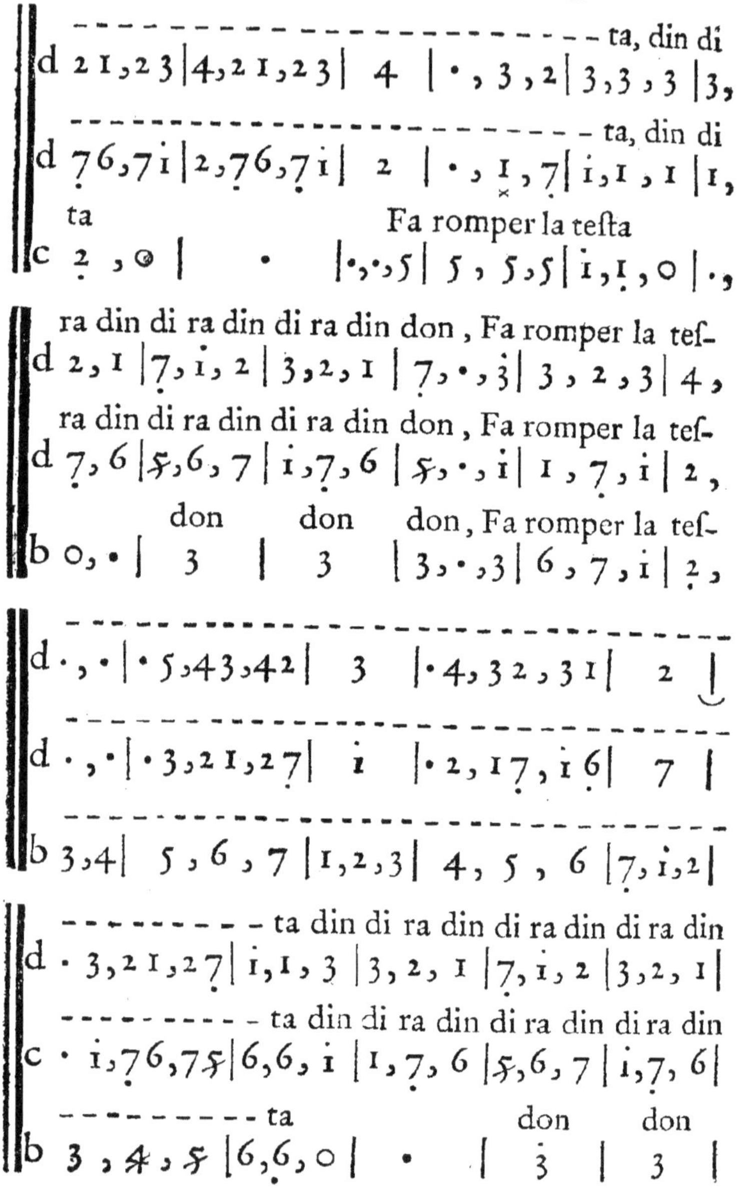

- ta, din di
d 21,23|4,21,23| 4 |·,3,2|3,3,3|3,

- ta, din di
d 76,7i|2,76,7i| 2 |·,1,7|i,1,1|1,

ta Fa romper la teſta
c 2,0| · |·,·,5| 5,5,5|i,1,0|·,

ra din di ra din di ra din don, Fa romper la teſ-
d 2,1 |7,i,2|3,2,1|7,·,3|3,2,3|4,

ra din di ra din di ra din don, Fa romper la teſ-
d 7,6|5,6,7|i,7,6|5,·,i|1,7,i|2,

don don don, Fa romper la teſ-
b 0,·| 3 | 3 |3,·,3|6,7,i|2,

- -
d ·,·|·5,43,42| 3 |·4,32,31| 2 |

- -
d ·,·|·3,21,27| i |·2,17,i6| 7 |

- -
b 3,4| 5,6,7|1,2,3| 4,5,6|7,i,2|

- - - - - - - - - - ta din di ra din di ra din di ra din
d ·3,21,27|i,1,3|3,2,1|7,i,2|3,2,1|

- - - - - - - - - - ta din di ra din di ra din di ra din
c ·i,76,75|6,6,i|1,7,6|5,6,7|i,7,6|

- - - - - - - - - - ta don don
b 3,4,5|6,6,0| · | 3 | 3 |

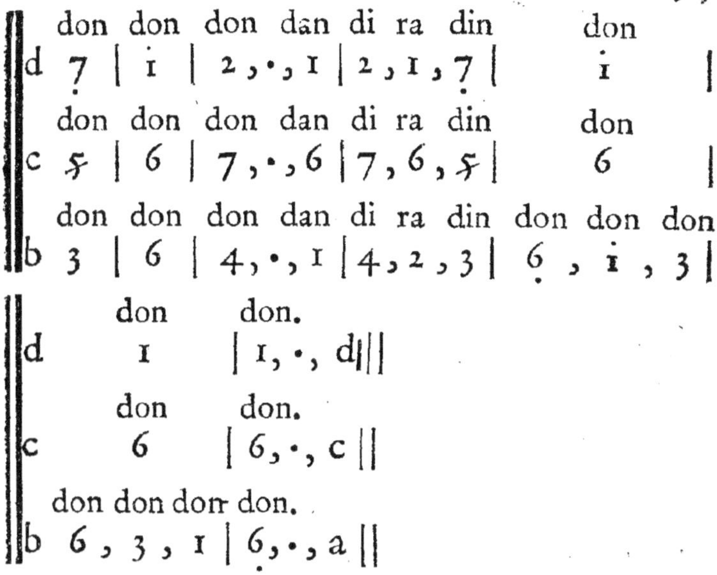

don don don dan di ra din don
d 7 | 1 | 2, ·, 1 | 2, 1, 7 | 1 |
don don don dan di ra din don
c 5 | 6 | 7, ·, 6 | 7, 6, 5 | 6 |
don don don dan di ra din don don don
b 3 | 6 | 4, ·, 1 | 4, 2, 3 | 6, 1, 3 |

don don.
d 1 | 1, ·, d ||
don don.
c 6 | 6, ·, c ||
don don don don.
b 6, 3, 1 | 6, ·, a ||

ARIETTE DES TALENS LYRIQUES.

Vivement.

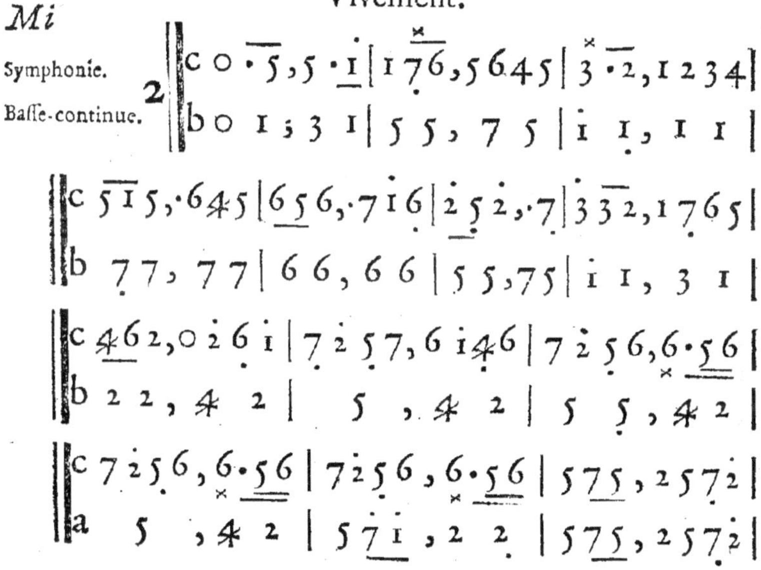

Mi

Symphonie. 2 c 0 · 5, 5 · 1 | 1 7 6, 5 6 4 5 | 3 · 2, 1 2 3 4 |
Basse-continue. b 0 1 ; 3 1 | 5 5, 7 5 | 1 1, 1 1 |

c 5 1 5, · 6 4 5 | 6 5 6, · 7 1 6 | 2 5 2, · 7 | 3 3 2, 1 7 6 5 |
b 7 7, 7 7 | 6 6, 6 6 | 5 5, 7 5 | 1 1, 3 1 |

c 4 6 2, 0 2 6 1 | 7 2 5 7, 6 1 4 6 | 7 2 5 6, 6 · 5 6 |
b 2 2, 4 2 | 5, 4 2 | 5 5, 4 2 |

c 7 2 5 6, 6 · 5 6 | 7 2 5 6, 6 · 5 6 | 5 7 5, 2 5 7 2 |
a 5, 4 2 | 5 7 1, 2 2 | 5 7 5, 2 5 7 2 |

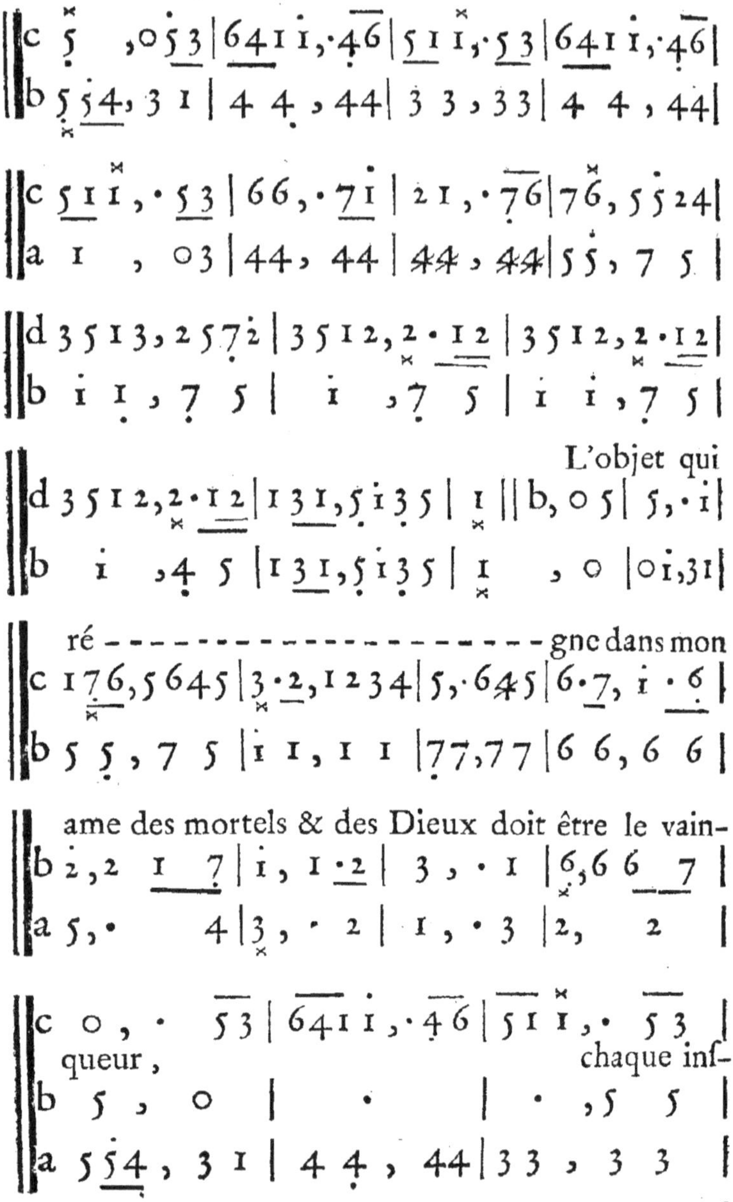

c 5 ,053|6411̇,·46|511̇,·53|6411̇,·46|
b 554,31|44,44|33,33|44,44|

c 511̇,·53|66,·71̇|21,·76|76,5524|
a 1 ,03|44,44|44,44|55,75|

d 35 13,2572̇|3512,2·12|3512,2·12|
b 1̇1,75|1̇,75|1̇1̇,75|

L'objet qui
d 3512,2·12|131,5135|1||b,05|5,·1̇|
b 1̇,45|131,5135|1 ,0|01̇,31|

ré———————gne dans mon
c 176,5645|3·2,1234|5,·645|6·7,1̇·6|
b 55,75|1̇1,11|77,77|66,66|

ame des mortels & des Dieux doit être le vain-
b 2̇,2 17|1̇,1·2|3,·1|6,66 7|
a 5,· 4|3,·2|1,·3|2, 2|

c 0,· 53|6411̇,·46|511̇,·53|
queur, chaque inſ-
b 5,0| · |·,55|
a 554,31|44,44|33,33|

tant

c 6411 1,.46 | 511 1,.53 | 664,775 | 131,5135 |
tant il m'en flam - - - - - - - - - - - - - - me
b 6,71 | 5 ,.65 | 5 ,.43 | 3 |
a 44,44 | 33,33 | 22,55 | 1, 0 |

c 1, 0 | 043,2461 | 725,0 | . | .257,
d'une nouvel - le ar deur, il m'enflam- - -
b 6,6 5 | 5,4 3 | 2 | 2,2 | 2
a 4,. 5 | 6,. 4 | 5 | 0 | .5,

c,6146 | 7256,6.56 | 7256,6.56 | 727,
- - - - - - - - - - - me il m'en flam-
c, . | . ,20 | 2, 2 | 5,
b, 42 | 55,42 | 55,42 | 7,

c,5725 | 3.4,4.34 | 52 2, 0 | 0 2,
- -
b,.645 | 6545,6756 | 7257,6146 | 7256,
a, . | 1, 2 | 55,42 | 55,

d, 2 | 0 | 032,1765 | 117,
- -
b, 6.56 | 7171,2312 | 3 | . ,
a, 42 | 5, 7 | 1, 17 | 6,

c, 6543 | 4,2 ·5 | 5,4·5 | 5, ·27 | 331,442 |
me d'u ne nouvelle ardeur
c, 3 0 | 6,7 ·1 | 7,6 ·5 | 5 | 0 |
a, 0 6 | 2,5 ·1 | 2 , 2 | 5, · 7 | 1 , 2 |

d 543,2312 | 765,24 | 5 | 017,6543 |
l'objet qui
b 0 | · | · ,0·5 | 5 , · 1 |
b 3 , 4·34 | 51 , 22 | 554,3432 | 11 , 31 |

c 2 , 0 ·5 | 531, 1 31 | 575, 2 | ·16,
ré ------------------------ gne
c 176,5645 | 3 ·2,1234 | 5 , ·645 | 6 ·7,
b 5 , · 5 | 1 1 , 1 1 | 77, 77 | 66,

c, 4 1 6 | 552,527 2 | 5 | 513, 5 |
dans mon ame des mortels & des Dieux doit
b, 1 ·6 | 2 , 2 1 7 | 1 , 1 ·2 | 3 , · 1 |
a, 6 6 | 5, · 4 | 3, · 2 | 1, · 6 |

d · ,5 ·4 | 552,7527 | 5 , 0 | · ,·267 |
être le vainqueur. Chaque inſtant il m'en-
b 6 ·6,6 2 | 7 | 0 , 2 3 | 4 , 4 5 |
x 2 , 2 | 5 | 0, · 5 | 22 , 0 2 |

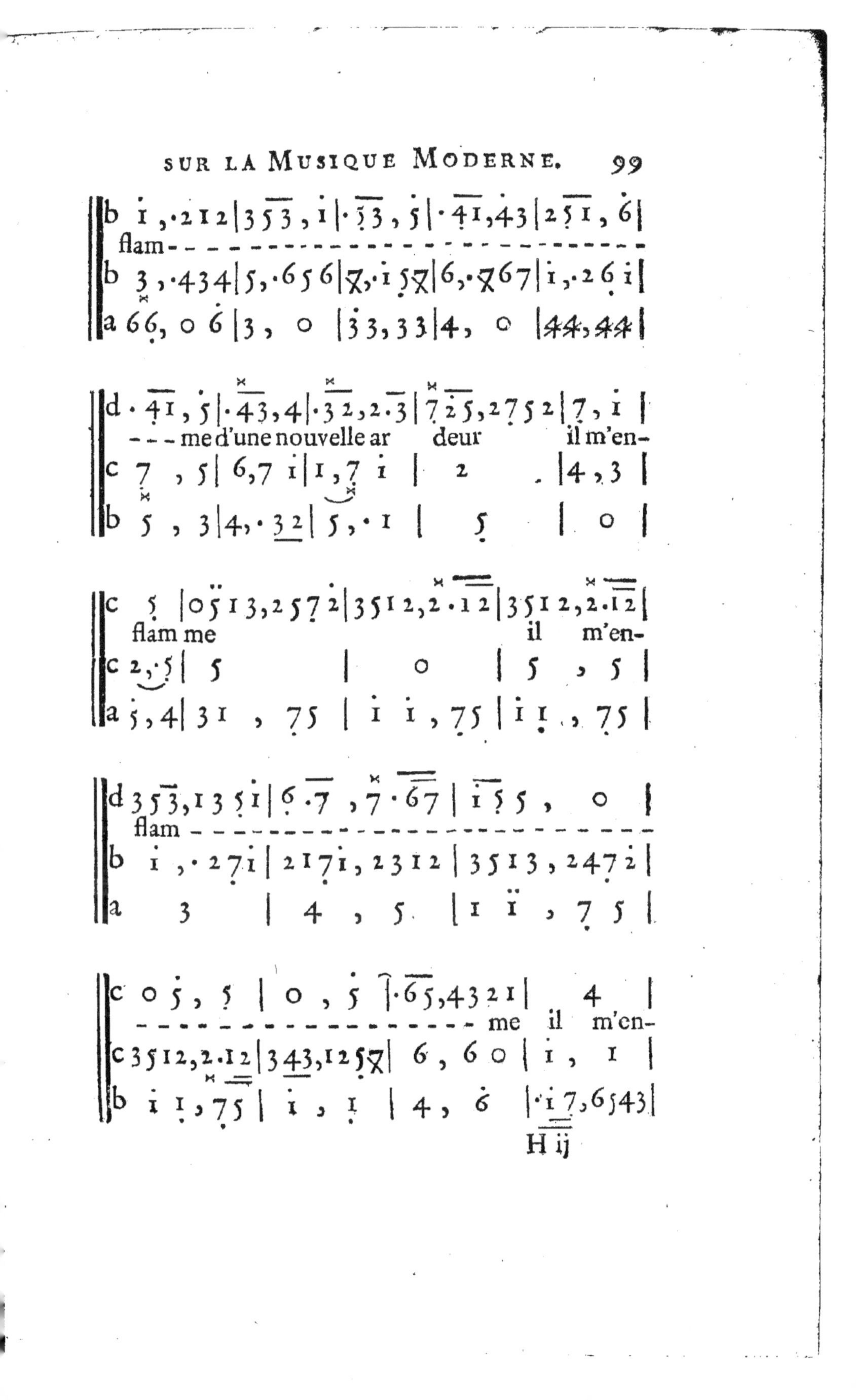

b 1 ,·212 | 353 , 1 | ·53 , 5 | ·41,43 | 251 , 6 |
flam- -
b 3 ,·434 | 5,·656 | 7,·157 | 6,·767 | 1,·261 |
a 66, o 6 | 3, o | 33,33 | 4, o | 44,44 |

d ·41 , 5 | ·43,4 | ·32,2·3 | 725,2752 | 7 , 1 |
- - - me d'une nouvelle ar deur il m'en-
c 7 , 5 | 6,7 1 | 1 ,7 1 | 2 . | 4 , 3 |
b 5 , 3 | 4,·32 | 5,·1 | 5 | o |

c 5 | o513,2572 | 3512,2·12 | 3512,2·12 |
flam me il m'en-
c 2,·5 | 5 | o | 5 , 5 |
a 5,4 | 31 , 75 | 1 1 , 75 | 1 1 , 75 |

d 353,1351 | 6·7 ,7·67 | 155 , o |
flam -
b 1 ,·271 | 2171,2312 | 3513,2472 |
a 3 | 4 , 5 | 1 1 , 7 5 |

c o5 , 5 | o , 5 | ·65,4321 | 4 |
- me il m'en-
c 3512,2·12 | 343,1257 | 6 , 6 o | 1 , 1 |
b 1 1,75 | 1 , 1 | 4 , 6 | ·17,6543 |

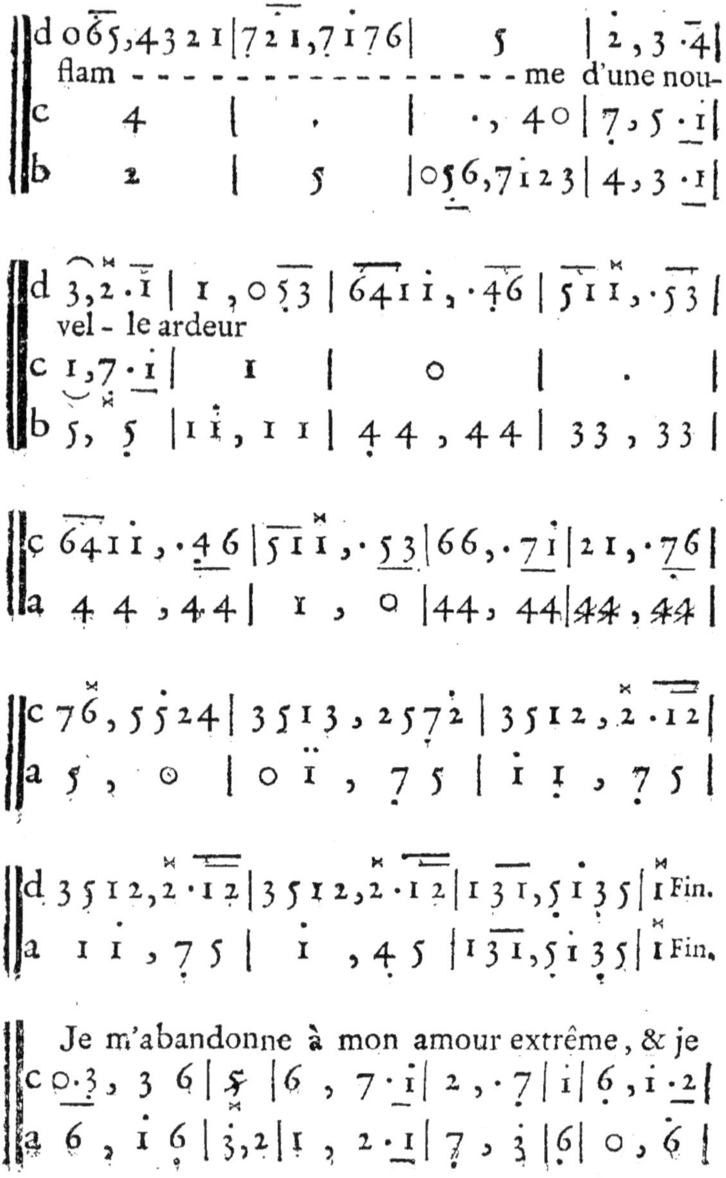

d 065,4321 | 721,7176 | 5 | 2,3 ·4 |
flam - me d'une nou-
c 4 | · | ·, 40 | 7,5 ·1 |
b 2 | 5 | 056,7123 | 4,3 ·1 |

d 3,2 ·1 | 1,053 | 6411, ·46 | 511, ·53 |
vel - le ardeur
c 1,7 ·1 | 1 | 0 | · |
b 5, 5 | 11,11 | 44,44 | 33,33 |

c 6411, ·46 | 511, ·53 | 66, ·71 | 21, ·76 |
a 44,44 | 1, 0 | 44, 44 | 44, 44 |

c 76,5524 | 3513,2572 | 3512,2 ·12 |
a 5, 0 | 01, 75 | 11, 75 |

d 3512,2 ·12 | 3512,2 ·12 | 131,5135 | 1 Fin.
a 11, 75 | 1, 45 | 131,5135 | 1 Fin.

Je m'abandonne à mon amour extrême, & je
c 0·3, 3 6 | 5 | 6, 7 ·1 | 2, ·7 | 1 | 6, 1 ·2 |
a 6, 1 6 | 3,2 | 1, 2 ·1 | 7, 3 | 6 | 0, 6 |

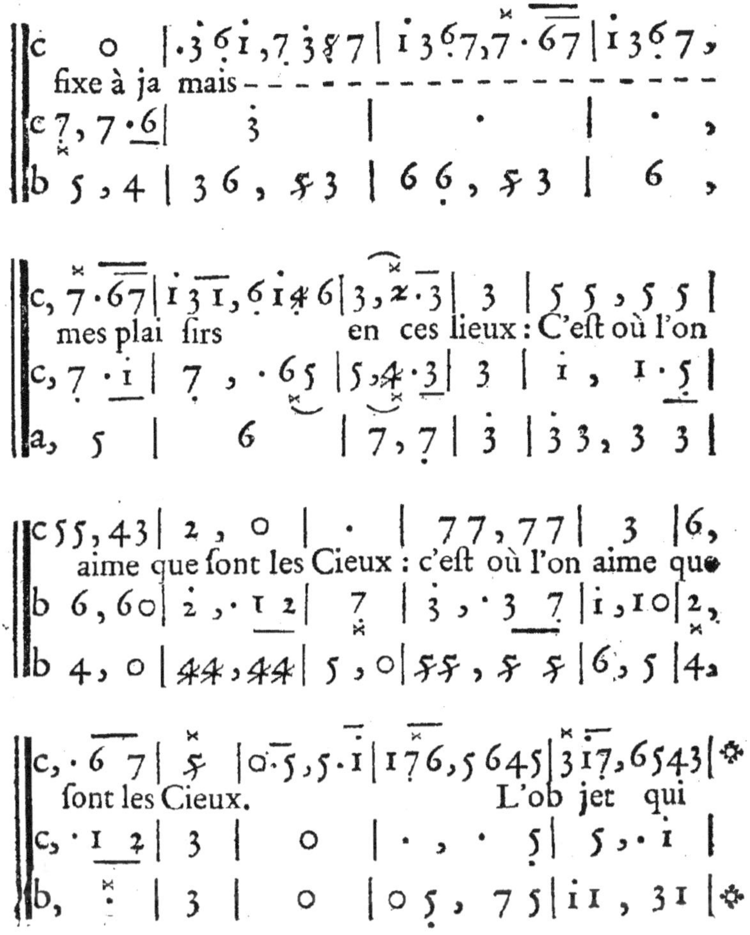

c o | .3 6 1 , 7 3 8 7 | 1 3 6 7 , 7 . 6 7 | 1 3 6 7 ,
fixe à ja mais -
c 7 , 7 . 6 | 3 | . | . ,
b 5 , 4 | 3 6 , 5 3 | 6 6 , 5 3 | 6 ,

c, 7 . 6 7 | 1 3 1 , 6 1 4 6 | 3 , 2 . 3 | 3 | 5 5 , 5 5 |
mes plai firs en ces lieux : C'eſt où l'on
c, 7 . 1 | 7 , . 6 5 | 5 , 4 . 3 | 3 | 1 , 1 . 5 |
a, 5 | 6 | 7 , 7 | 3 | 3 3 , 3 3 |

c 5 5 , 4 3 | 2 , o | . | 7 7 , 7 7 | 3 | 6 ,
aime que ſont les Cieux : c'eſt où l'on aime que
b 6 , 6 o | 2 , . 1 2 | 7 | 3 , . 3 7 | 1 , 1 o | 2 ,
b 4 , o | 4 4 , 4 4 | 5 , o | 5 5 , 5 5 | 6 , 5 | 4 ,

c, . 6 7 | 5 | o . 5 , 5 . 1 | 1 7 6 , 5 6 4 5 | 3 1 7 , 6 5 4 3 | ✣
ſont les Cieux. L'ob jet qui
c, . 1 2 | 3 | o | . , . 5 | 5 , . 1 |
b, . | 3 | o | o 5 , 7 5 | 1 1 , 3 1 | ✣

F I N.

APPROBATION.

J'Ai lû par ordre de Monseigneur le Chancelier, un manuscrit intitulé *Dissertation sur la Musique Moderne, &c.* Il m'a paru que l'impression de cet Ouvrage ne pouvoit pas manquer d'être utile au Public. A Paris ce 6 Novembre 1742.

CLAIRAUT.

PRIVILEGE DU ROY.

LOUIS, par la grace de Dieu, Roy de France & de Navarre : A nos amez & feaux Conseillers les Gens tenans nos Cours de Parlement, Maîtres des Requêtes ordinaires de notre Hôtel, Grand Conseil, Prevôt de Paris, Baillifs, Sénéchaux, leurs Lieutenans Civils, & autres nos Justiciers qu'il appartiendra ; SALUT. Notre bien amé le Sieur ROUSSEAU Nous a fait exposer qu'il desireroit faire imprimer & donner au Public, un manuscrit qui a pour titre *Dissertation sur la Musique moderne*, s'il nous plaisoit lui accorder nos Lettres de de Privilege sur ce nécessaires. A CES CAUSES voulant traiter favorablement ledit Exposant ; Nous lui avons permis, & permettons par ces Presentes, de faire imprimer ledit manuscrit, en un ou plusieurs Volumes, & autant de fois que bon lui semblera, & de les faire vendre, & débiter par tout notre Royaume, pendant le tems de six années consecutives, à compter du jour de la date desdites Présentes. Faisons défenses à toutes sortes de personnes de quelque qualité & condition qu'elles soient d'en introduire d'impression étrangére dans aucun lieu de notre obéissance ; comme aussi à tous Libraires, Imprimeurs, & autres, d'imprimer, faire imprimer, vendre, faire vendre, débiter, ni contrefaire ledit Ouvrage, ni d'en faire aucun extrait sous quelque prétexte que ce soit d'augmentation, correction, changement de titre, ou autres, sans la permission expresse & par écrit dudit Exposant, ou de ceux qui auront droit de lui ; à peine de confiscation des Exemplaires contrefaits, de trois mille livres d'amende contre chacun des contrevenans, dont un tiers à nous, un tiers à l'Hôtel-Dieu de Paris, & l'autre tiers audit Exposant, ou à celui qui aura droit de lui, & de tous dépens, dommages & interêts ; à la charge que ces Présentes seront enregistrées tout au long sur le Registre de la Communauté des Libraires & Imprimeurs de Paris, dans trois mois de la date d'icelles ; que l'impression dudit Ouvrage sera faite dans notre Royaume & non ailleurs, en bon papier & beaux caracteres, conformément à la feuille imprimée attachée pour modéle sous le contre-scel desdites Presentes, que l'Impétrant se conformera en tout aux Réglemens de la Librairie, & notamment à celui du dix Avril 1725 : & qu'avant que de les exposer en vente, le Manuscrit ou Imprimé qui aura servi de copie à l'impression dudit Ouvrage sera remis dans le même état où l'Approbation y aura été donnée ès mains de notre très-cher & feal Chevalier le Sieur DAGUESSEAU, Chancelier de France, Commandeur de nos Ordres ; & qu'il en sera ensuite remis deux Exemplaires dans notre Bibliotheque publique, un dans celle de notre Château du Louvre, & un dans celle de notre très-cher & feal Chevalier le Sieur DAGUESSEAU, Chancelier de France, le tout à peine de nullité des Présentes, du contenu desquelles vous mandons & enjoignons de faire jouir ledit Exposant & ses ayans cause, pleinement & paisiblement, sans souffrir qu'il leur soit fait aucun trouble ou empêchement : Voulons que la copie desdites Présentes qui sera imprimée tout au long au commencement ou à la fin dudit Ouvrage, soit tenue pour dûment signifiée, & qu'aux copies collationnées par l'un de nos amez & féaux Conseillers & Sécretaires, foi soit ajoutée comme à l'original : commandons au premier notre Huissier ou Sergent sur ce requis, de faire pour l'exécution d'icelles tous actes requis & nécessaires sans demander autre permission, & nonobstant clameur de Haro, Charte Normande & lettres à ce contraire : Car tel est notre plaisir. Donné à Versailles le 7 de Décembre, l'an de grace 1742. & de notre Régne le vingt-huitiéme. Par le Roy en son Conseil.

SAINSON.

Registré, ensemble la Cession ci derriére, sur le Registre XI. de la Chambre Royale des Libraires & Imprimeurs de Paris No. 98. fol. 83. conformement aux anciens Reglemens confirmés par celui du 28. Février 1723, à Paris le 19. Décembre 1742.

SAUGRAIN, *Syndic.*

Je soussigné reconnois avoir fait part du présent Privilége, par moitié, à G. F. QUILLAU Pere, Imprimeur, Juré-Libraire de l'Université, pour en jouir conjointement avec moi suivant les conventions faites entre nous. A Paris ce 18 Décembre 1742.

ROUSSEAU.

Fautes à corriger.

P*Age* 4 *ligne* 3 en, *lisez* &
Page 8 *derniére ligne*, moins, *lis.* le moins
Pag. 11 *lig.* 23 facile, *lis.* faciles
Pag. 41 *lig.* 25 à place, *lis.* à la place
Pag. 64 *premiére ligne* d'étages & étages, *lis.* d'étage en étage
Idem. ligne 20 connoît, *lis.* conçoit
Pag. 71 *lig.* 23 *à la fin* b, *lis.* c
Pag. 72 *ajoutez un point sous le troisiéme* 7 *de la premiére ligne.*
Pag. 74 *lig.* 2 demie, *lis.* demis
Pag. 75 *au commencement de la premiére ligne, il y a* d, *lis.* c.

TABLE GÉNÉRALE

De tous les Tons et de touttes les Clefs.

X — A — B — C — D

Clé de Fa	1 | 2 | 34 | 5 | 6 | 7/1 | 2 | 34 | 5 | 6 | 7/1 | 2 | 34 | 5 | 6 | 7/1 | 2 | 34 | 5 | 6 | 7/1 | 2 | 34 | 5 | 6 | 7/1
de Mi	2 | 34 | 5 | 6 | 7/1 | 2 | 34 | 5 | 6 | 7/1 | 2 | 34 | 5 | 6 | 7/1 | 2 | 34 | 5 | 6 | 7/1 | 2 | 34 | 5 | 6 | 7/1
de Mi B	2 | 34 | 5 | 6 | 7/1 | 2 | 34 | 5 | 6 | 7/1 | 2 | 34 | 5 | 6 | 7/1 | 2 | 34 | 5 | 6 | 7/1 | 2 | 34 | 5 | 6 | 7/1 | 2
de Ré	34 | 5 | 6 | 7/1 | 2 | 34 | 5 | 6 | 7/1 | 2 | 34 | 5 | 6 | 7/1 | 2 | 34 | 5 | 6 | 7/1 | 2 | 34 | 5 | 6 | 7/1 | 2
d'Ut D	34 | 5 | 6 | 7/1 | 2 | 34 | 5 | 6 | 7/1 | 2 | 34 | 5 | 6 | 7/1 | 2 | 34 | 5 | 6 | 7/1 | 2 | 34 | 5 | 6 | 7/1 | 2 | 3
d'Ut	4 | 5 | 6 | 7/1 | 2 | 34 | 5 | 6 | 7/1 | 2 | 34 | 5 | 6 | 7/1 | 2 | 34 | 5 | 6 | 7/1 | 2 | 34 | 5 | 6 | 7/1 | 2 | 34
de Si	5 | 6 | 7/1 | 2 | 34 | 5 | 6 | 7/1 | 2 | 34 | 5 | 6 | 7/1 | 2 | 34 | 5 | 6 | 7/1 | 2 | 34 | 5 | 6 | 7/1 | 2 | 34
de Si B	5 | 6 | 7/1 | 2 | 34 | 5 | 6 | 7/1 | 2 | 34 | 5 | 6 | 7/1 | 2 | 34 | 5 | 6 | 7/1 | 2 | 34 | 5 | 6 | 7/1 | 2 | 34 | 5
de la	6 | 7/1 | 2 | 34 | 5 | 6 | 7/1 | 2 | 34 | 5 | 6 | 7/1 | 2 | 34 | 5 | 6 | 7/1 | 2 | 34 | 5 | 6 | 7/1 | 2 | 34 | 5
de la B	6 | 7/1 | 2 | 34 | 5 | 6 | 7/1 | 2 | 34 | 5 | 6 | 7/1 | 2 | 34 | 5 | 6 | 7/1 | 2 | 34 | 5 | 6 | 7/1 | 2 | 34 | 5 | 6
de Sol	7/1 | 2 | 34 | 5 | 6 | 7/1 | 2 | 34 | 5 | 6 | 7/1 | 2 | 34 | 5 | 6 | 7/1 | 2 | 34 | 5 | 6 | 7/1 | 2 | 34 | 5 | 6
de Fa D	7/1 | 2 | 34 | 5 | 6 | 7/1 | 2 | 34 | 5 | 6 | 7/1 | 2 | 34 | 5 | 6 | 7/1 | 2 | 34 | 5 | 6 | 7/1 | 2 | 34 | 5 | 6 | 7

A — B — C — D — E

1. Exemple. Page 25 .... 1 5 1 3 5 1 5 3 1 5 1

2. Ex. Page 25 ....

3. Ex. des Intervalles directs. Pages 27 ....

4. Ex. des Interv. renversés. Page 27 ....

5. Ex. des Int. Simples. Page 27 ....

6. Ex. des Int. redoublés. Page 27 ....

7. Ex. pour le Mode Majeur de Sol. Page 39 .... Sol

8. Ex. pour le Mode Mineur de Sol. Page 39 .... Si b

9. Ex. du passage d'un Ton à un autre. Page 41 .... Sol

10. Ex. du passage du Majeur au Mineur et vice versa. P. 41 .... Si

11. Ex. P. 45 .... Ré b

12. Ex. de la P. 61 transcrite par la pre. Méthode .... Sol

Gravée par D. Vincent

www.ingramcontent.com/pod-product-compliance
Lightning Source LLC
LaVergne TN
LVHW012019220826
846092LV00001B/414